신약

4

유치부 교사용

복음으로 세워진 교회

THE GOSPEL PROJECT

The Gospel Project for Preschool

가스펠 프로젝트

신약 4

복음으로 세워진 교회

유치부 교사용

지은이 · LifeWay Kids / 옮긴이 · 안윤경 / 감수 · 김병훈, 류호성, 정희영

초판 발행 · 2019. 2. 27 / 등록번호 · 제1988-000080호
등록된 곳 · 서울특별시 용산구 서빙고로65길 38 / 발행처 · 사단법인 두란노서원
영업부 · 02) 2078-3352, 3452, 3752, 3781 / FAX 080-749-3705
편집부 · 02) 2078-3437
표지 디자인 · 땅콩프레스 / 활동 연구 · 고은님·박청아·유은정·최유리·홍선아

책값은 뒤표지에 있습니다.
ISBN 978-89-531-3379-2 04230 / 978-89-531-3151-4(세트)

홈페이지 · gospelproject.co.kr **두란노몰** · mall.duranno.com

차례

이렇게 활용해 보세요! 4 / 발간사 6 / 감수사 7 / 추천사 10

1단원 능력을 주시는 성령님

1 약속하신 성령님이 오셨어요 _ 15

2 걷지 못하는 사람이 걷게 되었어요 _ 27

3 스데반이 예수님을 전했어요 _ 37

4 에티오피아 관리가 예수님을 믿었어요 _ 49

5 베드로와 고넬료가 만났어요 _ 61

2단원 보내시는 하나님

6 바울이 회개하고 세례를 받았어요 _ 75

7 바울의 첫 번째 전도 여행 _ 85

8 오직 그리스도 _ 95

9 바울의 두 번째 전도 여행 _ 105

10 바울이 아테네에서 복음을 전했어요 _ 115

11 바울의 세 번째 전도 여행 _ 125

복음 조정 가이드 48 / 칼럼 60 / 커리큘럼 152

이렇게 활용해 보세요!

단원 개요 1

'가스펠 프로젝트(하나님의 구원 계획)'의 연대기적 큰 흐름 속에서 각 단원과 각 과의 주제를 살펴봅니다.

1 **카운트다운 :** 단원별로 제공되는 3분 카운트다운 영상으로, 장소를 옮기거나 시간을 구분 짓는 방법으로 활용할 수 있습니다.

2 **단원 암송 :** 단원의 핵심 메시지가 담긴 성경 구절입니다. 연령에 맞게 적절한 길이로 암기할 수 있도록 주요 어휘에 밑줄 표시를 해 두었습니다.

3 **주제 :** 각 과의 핵심 줄거리를 파악할 수 있습니다.

4 **예수님 생각하기 :** 성경 이야기에 담긴 복음을 발견하게 합니다. 모든 성경 이야기는 그리스도와 연결됩니다.

5 **성경의 초점 :** 본문과 관련된 성경의 중심 주제를 문답 형식으로 정리한 문장입니다. 단원별로 제시된 성경의 초점을 익히며 성경의 흐름을 이해하게 합니다.

＊지도자용 팩의 PC 전용 DVD-Rom에 영상, 그림, 음원, 악보, PPT 등의 자료가 있습니다.

말씀 묵상 2

말씀을 묵상하며 교육 목표를 확인하고, 기도로 준비합니다.

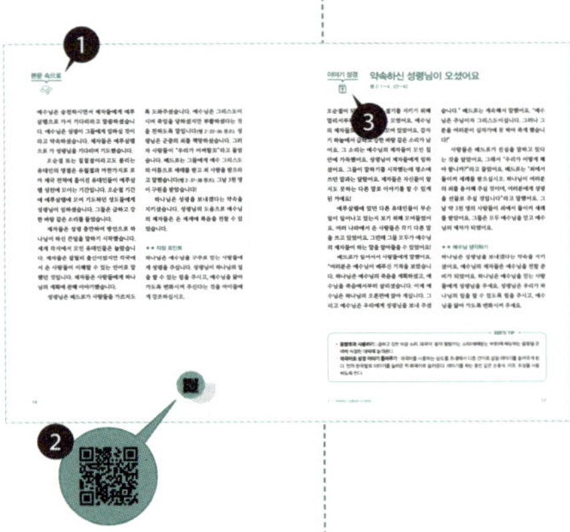

1 **본문 속으로 :** 각 과를 준비하며 묵상할 내용과 티칭 포인트를 제시합니다. 청장년용 《가스펠 프로젝트》로 교사 소그룹 모임에서 더 깊은 묵상을 나누며 성경 읽기를 병행할 것을 권유합니다. 부모 소그룹 모임은 교회와 가정을 연계해 교육 효과를 더욱 높여 줄 것입니다.

2 **QR 코드 :** 가스펠 프로젝트 홈페이지(gospelprojet.co.kr)에서 각 과별 교사 지도 가이드 동영상을 무료로 이용할 수 있습니다.

3 **이야기 성경 :** '가스펠 설교'에서 사용하는 구어체 설교입니다. 같은 내용의 영상이 지도자용 팩에 있습니다.

가스펠 준비 3 사전 활동을 살펴봅니다.

1 **싱글벙글 환영해요 :** 아이들을 맞이할 때 염두에 두어야 할 정보를 담았습니다.

2 **너랑 나랑 마음 열기 :** 각 과의 주제와 연결된 간단한 게임 활동을 소개합니다.

가스펠 설교 4 들어가기 – 성경 이야기 – 메시지와 정리 – 성경의 초점 – 복음 초청 – 기도 – 암송송에 이르는 설교 가이드입니다.

1 **들어가기 :** 도입 아이디어를 소개합니다.

2 **메시지와 정리 :** 각 과의 성경 이야기를 정리하고 연대표를 이용해 '가스펠 프로젝트(하나님의 구원 계획)'의 큰 흐름 속에서 각 과의 위치를 파악해 봅니다.

3 **복음 초청 :** 매주 복음을 전하고 영접 기도로 이끌 수 있는 초청 대화를 담았습니다. 지도자용 팩과 가스펠 프로젝트 홈페이지에서 영상을 활용할 수 있습니다.

4 **암송송 :** 단원의 핵심 메시지가 담긴 성경 구절을 쉽게 익힐 수 있도록 찬양과 손유희를 소개합니다.

가스펠 소그룹 5 말씀 놀이 – 간식 – 마무리 순서로 진행되는 소그룹 가이드입니다.

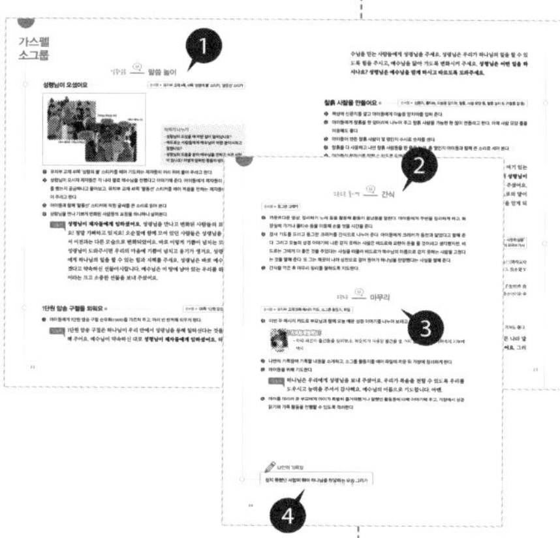

1 **알콩달콩 말씀 놀이 :** 성경 이야기에서 배운 내용들을 되새기며 즐겁게 놀이할 수 있는 다양한 활동을 소개합니다. 각 과의 첫 번째 활동에는 유치부 교재를 풍성하게 활용할 수 있는 교수 방법이 담겨 있습니다.

2 **소곤소곤 꿀~꺽 간식 :** 각 과에 어울리는 간식과 효과적인 간식 지도 방법을 소개합니다.

3 **오순도순 마무리 :** 메시지 카드(가정 연계 자료)를 나눠 주고, 활동 자료를 파일에 정리한 후 기도로 마무리하는 안내입니다.

4 **나만의 기록장 :** 각 과를 정리하며 나 자신을 돌아보게 하는 활동입니다. 메시지 카드 뒷면 또는 별도의 수첩이나 스케치북을 활용해 신앙 성장의 기록을 모아 가기를 권장합니다.

발간사

이형기

두란노서원 원장

두란노서원을 통해 라이프웨이(LifeWay)의 《가스펠 프로젝트》 성경 공부 교재 시리즈를 발간할 수 있도록 인도하신 하나님께 감사드립니다. 험한 소리로 가득한 세상에 이 책을 다릿돌처럼 놓습니다. 우리 삶은 말씀을 만난 소리로 풍성해져야 합니다. 주님을 만난 기쁨의 소리, 진실 앞에서 탄식하는 소리, 죄를 씻는 울음소리, 소망을 품은 기도 소리로 가득해야 합니다.

《가스펠 프로젝트》는 신구약을 관통하는 예수 그리스도의 복음을 발견하고, 그 가르침을 삶에 적용하는 지혜를 얻도록 기획한 성경 공부 교재입니다. 어린아이부터 어른에 이르기까지 생애주기에 따른 복음 메시지를 잘 배울 수 있습니다. 또한, 거짓 진리가 미혹하는 이 시대에 건강한 신학과 바른 교리로 말씀을 조명하여 성도의 신앙이 좌로나 우로나 치우치지 않도록 돕습니다.

두란노서원은 지금까지 "오직 성경, 복음 중심, 초교파적 관점"을 바탕으로 한국 교회와 성도를 꾸준히 섬겨 왔습니다. 오직 성경의 정신에 입각해 책과 잡지를 출판해 왔으며, 성경에 근거한 복음 중심의 신학을 포기한 적이 없습니다. 그리고 교단과 교파를 초월하여 교회와 성도가 하나님 나라를 바라볼 수 있도록 돕기 위해 노력해 왔습니다. 《가스펠 프로젝트》는 두란노가 지켜 온 세 가지 가치를 충실하게 담은 책입니다.

성경은 구원을 위한 책이며, 구원사의 주인공은 예수 그리스도입니다. 창세기부터 요한계시록까지 오직 예수 그리스도의 복음만을 전하는 《가스펠 프로젝트》 성경 공부 교재를 통해 복음의 은혜와 진리를 깊이 경험하고, 복음 중심의 삶이 마음 판에 새겨지기를 바랍니다. 그리고 예수 그리스도 복음에 굳게 선 한 사람의 영향력이 가정과 교회와 사회에 흘러감으로써 거룩한 하나님 나라가 확산되어 가기를 소망합니다.

감수사

김병훈

합동신학대학원대학교
조직신학 교수

두란노가 출간하는《가스펠 프로젝트》는 무엇보다도 전통적으로 교회가 풀어 온 흐름을 충실히 따라 성경을 해설하고 있습니다. 그리고 그 방향은 궁극적으로 예수 그리스도를 향해 나아가고 있습니다. 이것은 예수님이 구약과 신약의 모든 성경이 자신을 가리키고 있다고 하신 말씀에 비추어 매우 타당한 것입니다. 게다가 그리스도 중심적 해설을 무리하게 전개하지 않습니다. 각 본문에서 하나님의 구원 언약과 그것을 실현하시는 하나님을 드러내면서, 그리스도의 예표적 설명이 가능한 사건을 놓치지 않고 풀어내고 있습니다.

성경 공부 교재는 명시적으로 혹은 암시적으로 제시하는 교리적 진술이 교리 체계상 건전해야 합니다.《가스펠 프로젝트》는 99개 조에 이르는 핵심 교리를 일목요연하게 제시하여 교리의 건전성을 확인할 수 있도록 도움을 줍니다.《가스펠 프로젝트》의 교리는 교파를 막론하고, 예수 그리스도의 복음에 충실한 복음주의 교회들에게 환영받을 만합니다. 물론 교파마다 약간의 이견을 갖는 부분들이 있을 수 있겠지만, 각 교회에서 교재를 활용하는 데에 무리가 없을 것입니다.《가스펠 프로젝트》의 특징은 각 과에서 학습한 내용을 핵심 교리와 연결해 주며, 그 결과 그리스도의 복음에 관련한 교리적 이해를 강화시킨다는 데에 있습니다.

끝으로《가스펠 프로젝트》는 어떤 성경 주해서나 교리 학습서가 갖지 못하는 훌륭한 장점을 가지고 있습니다. 그것은 학습자를 하나님과 그리스도의 복음 앞으로 이끌며, 자신의 신앙과 삶을 돌아보도록 하는 적용의 적실성과 훈련의 효과입니다. 아울러 본문과 관련한 교회사적으로 또 주석적으로 중요한 신학자와 목사의 어록을 제시하고, 심화 토론을 위한 질문을 달아 주고, 선교적 안목을 열어 주는 적용 질문들을 더해 준 것은《가스펠 프로젝트》에서 얻을 수 있는 커다란 유익입니다.

추천할 만한 마땅한 성경 공부 교재를 찾기가 쉽지 않은 현실에서《가스펠 프로젝트》는 성경을 개괄적으로 매주 한 과씩 3년의 기간 동안 일목요연하게, 그리고 그리스도 중심적으로 공부하도록 이끌어 준다는 점에서, 한국 교회의 기초를 성경 위에 놓는 일에 커다란 공헌을 할 것으로 믿어 의심치 않습니다.

류호성

서울장신대학교
신약학 교수

"내 백성이 지식이 없으므로 망하는도다 네가 지식을 버렸으니 나도 너를 버려 내 제사장이 되지 못하게 할 것이요 네가 네 하나님의 율법을 잊었으니 나도 네 자녀들을 잊어버리리라"(호 4:6). 이 예언대로, 하나님의 말씀에 귀 기울이지 않던 이스라엘 백성은 멸망했습니다(렘 29:15~20). 그러나 그 자체에 능력이 있는(눅 1:37) 하나님의 말씀이 임하는 곳이라면 죽은 뼈에 힘줄이 생기고 살이 오르는(겔 37:8) 회복의 역사가 임할 것입니다. 그분의 말씀은 살아 있고 활력이 있기에 예리하게 혼과 영과 및 관절과 골수를 찔러 쪼개기까지 하며 또 마음의 생각과 뜻을 판단할 것입니다(히 4:12). 하나님의 말씀이 왕성하게 흘러넘쳐 온 세상과 우주를 적실 때에 정의와 사랑(렘 9:24) 그리고 제자의 수가 많아지는 놀라운 부흥을(행 6:7) 경험할 것이고, 악한 세력이 모두 물러가며 새 하늘과 새 땅이 다가올 것입니다.

이를 위해 작은 등불의 역할을 할《가스펠 프로젝트》는 첫째, 성경 전체를 '그리스도 중심'으로 바라본 것입니다. 오실 그리스도(구약)와 오신 그리스도 그리고 앞으로 다시 오실 그리스도(신약)의 관점에서 구약성경과 신약성경을 서로 연결했습니다. 그래서 구약성경을 단지 유대 민족의 역사서로 보는 편협함에서 벗어나, 그 속에 담긴 놀라운 하나님의 구원 역사를 보게 합니다. 둘째, 같은 본문으로 교회와 가정 그리고 전 연령층에서 그리스도의 사랑을 배우게 합니다. 이는 특히 가정에서 부모와 자녀가 서로 신앙적으로 소통할 기회를 제공하고 사랑과 정의를 실천하는 성숙한 그리스도인으로 성장하도록 이끌어 줍니다. 셋째, 신학적 주제와 기초 교리를 이해하기 쉽게 설명한 것입니다. 그래서 사이비 이단이 번져 가는 상황에서 매우 중요한 영적 분별력을 향상시키는 데 도움을 줍니다. 넷째, 배운 것을 복음의 씨앗을 뿌리는 선교와 연결하며 하나님이 주신 사명을 실천하도록 이끄는 것입니다. 이는 복음의 열정을 회복시켜 줍니다.

그러므로 모든 교단과 교파를 초월해서, 하나님의 섬세한 구원의 손길과 그리스도의 숭고한 십자가의 사랑 그리고 거룩함으로 인도하는 성령님의 인도하심을 배울 수 있을 것입니다. 그래서《가스펠 프로젝트》를 통해 하나님의 말씀이 한반도에 흘러넘칠 뿐만 아니라, 복음의 열정을 품고 전 세계로 향하는 많은 전도자를 세워 갈 것입니다.

정희영

총신대학교 부총장,
유아교육과 교수

《가스펠 프로젝트》 유치부 교재는 유아의 특성에 맞게 그림과 활동으로 구성되어 있으며, '이야기 나누기'를 통해 성경 이야기를 복습함으로써 성경에 대한 이해와 기억을 돕고 있습니다. 교사용 교재는 교사가 성경 이야기를 쉽게 설명할 수 있도록 '가스펠 준비', '가스펠 설교', '가스펠 소그룹'의 단계로 나누어 진행 방법을 소개하고 있습니다. 특별히 성경 이야기를 나누기 전에 '본문 속으로'를 통해 교사들이 아이들에게 가르쳐야 하는 성경의 내용을 이해하고 숙지하도록 중요한 부분을 설명해 주고, '티칭 포인트'에서 다시 한 번 핵심이 무엇인지 강조해 줍니다. 또한 홈페이지에서 '교사 지도 가이드' 영상을 제공하여 영상 세대 교사들이 쉽고 친근한 자료로 교사 교육의 시공간적 한계를 극복하도록 도움을 주고 있습니다. 이러한 교재의 구성은 유아의 발달 특징을 잘 고려한 것이며, 성경을 잘 모르는 교사들도 성경 이야기를 왜곡되지 않게 잘 이해해 아이들에게 효율적으로 나눌 수 있게 했다는 특징을 지닙니다. 이는 다른 성경 공부 교재들과 차별되는 특징으로서 《가스펠 프로젝트》가 좋은 성경 공부 교재임을 보여 줍니다.

대부분의 유치부 성경 공부 교재가 성경의 사건을 이야기 중심으로 가르치는 반면, 《가스펠 프로젝트》는 사건의 흐름에 맞추어 성경의 핵심 교리를 가르치되 유아의 발달 상황을 고려해 구성했습니다. 유아들에게 교리는 어렵다는 생각에서 탈피해 그들의 영성을 고려해 내용을 구성한 점은 《가스펠 프로젝트》의 장점이라고 할 수 있습니다.

《가스펠 프로젝트》의 또 다른 장점은 '가스펠 설교'를 마무리할 때 예수 그리스도께 초점을 맞추고 있다는 점입니다. 구약은 오실 예수 그리스도에 대한 예표요, 신약은 오신 예수 그리스도에 대한 사건을 기록하고 있다는 점에서 예수 그리스도께서 성경의 주인이심을 잘 표현하고 있습니다.

현재 우리나라의 출산율은 OECD 국가 가운데 최하위를 차지하고 있으며, 교회의 주일학교는 반 이상이 줄어든 상황입니다. 이러한 위기 속에서 언약 백성으로 다음 세대를 잘 양육해야 할 책임이 있는 교회와 그리스도인 부모, 교사들에게 《가스펠 프로젝트》는 이 시대에 부응하는 효율적이며 영향력 있는 좋은 성경 공부 교재가 될 것입니다.

《가스펠 프로젝트》는 한 영혼, 한 영혼을 향한 하나님의 멈추지 않는 사랑을 전하며, 아들을 내어 주신 아버지 하나님의 놀라운 구원 계획에 눈뜨게 하는 교재입니다. 성경을 꿰뚫는 변함없는 메시지, 예수 그리스도를 만날 수 있는 교재입니다. 유익한 활동과 흥미로운 반복 학습을 통해 기독교 핵심 주제를 접하고, 말씀을 가까이하며 가족과 묵상을 나누도록 이끄는 방식에 기대가 큽니다. 다양한 소재의 동영상과 그림 자료는 시청각 자료가 부족한 교육 현장에 큰 활력을 불어넣어 줄 것입니다. 교재 내용에 맞게 창작된 찬양은 곡조가 있는 산 기도를 체험하게 도와줄 것입니다. 무미건조한 습관적 예배, 아이들과 소통하지 못해 안타까워했던 부모와 교사, 다음 세대를 걱정하는 교회 지도자들에게 이 교재를 추천합니다.

김요셉 _ 중앙기독학교 교목, 원천침례교회 목사

추천사

우리 시대의 전 세계적 교회 부흥은 두 가지 샘을 갖고 있습니다. 한 샘은 오순절 부흥 운동의 샘입니다. 이 샘으로 많은 시대의 목마른 영혼들이 목마름을 해갈했습니다. 또 하나의 샘은 성경 연구의 샘입니다. 남침례교 주일학교 운동은 이 샘의 개척자입니다. 이 샘으로 지금도 많은 성도가 목마름을 해갈하고 있습니다. 미국 남침례교 라이프웨이 출판사는 이러한 사역을 충실히 감당해 왔습니다. 《가스펠 프로젝트》는 모든 필요를 공급하는 원천이 될 것입니다. 《가스펠 프로젝트》는 쉬우면서도 결코 피상적이지 않습니다. 믿음의 단계를 따라 하나님의 자녀들에게 꼭 필요한 복음의 진수를 맛보게 해 줄 것입니다.

이동원 _ 지구촌교회 원로 목사, 지구촌 미니스트리 네트워크 대표

《가스펠 프로젝트》는 예수 그리스도를 중심으로 성경을 배웁니다. 성경이 어떻게 그리스도와 연결되어 있는지, 또 성도의 삶이 하나님의 구원 계획에 어떻게 연결되어야 하는지 구체적으로 제시합니다. 특히 《가스펠 프로젝트》는 하나의 본문으로 각 연령에 맞게 구성한 교재를 제공하여 하나의 본문으로 전 세대를 연결하고, 가정과 교회를 하나 되게 합니다. 신앙의 전수가 중요한 시대에 성도와 교회와 가정이 한마음으로 다음 세대를 준비시키기에 적합합니다. 특히 가정에서 부모가 자녀와 말씀으로 대화를 나눌 수 있게 하여 자녀 신앙 교육에 도움이 될 것입니다.

이재훈 _ 온누리교회 담임 목사

《가스펠 프로젝트》를 펼치는 순간 가슴이 뛰었습니다. 이 시대를 살아가는 모든 그리스도인에게 꼭 필요한 성경의 핵심적 내용을 쉬우면서도 흥미로운 설명으로 펼쳐 내면서 성경을 깊이 알아 가는 기쁨과 구체적인 적용을 돕고 있기 때문입니다. 무엇보다도 가장 뛰어난 점은, 성경의 중심이 되는 예수님을 충실하게 드러낸다는 점입니다. 그러므로 복음 프로젝트를 성실하게 따라가다 보면 예수님을 통해 완성하시는 하나님의 구원 역사 프로젝트가 드러날 것이고, 나아가 하나님 나라가 우리 삶에 한층 가까워질 것입니다. 이 시리즈를 통해 체계적인 '가정 제자 훈련'과 '성경 공부'를 정착시키는 가운데 한국 교회와 이민 교회에 거룩한 부흥의 불길이 일어나기를 기대합니다.

류응렬 _ 와싱톤중앙장로교회 담임 목사, 고든콘웰신학대학원 객원 교수

《가스펠 프로젝트》 유치부 교재는 유아에게 성경을 좀 더 효과적으로 가르칠 수 있도록 돕는 교재입니다. 성경 전체에서 끊임없이 말하고 있는 '예수 그리스도'를 유아기에 꼭 맞는 교수 방법으로 소개해 유아에게 예수님과의 행복한 만남을 선물할 것입니다. 또한《가스펠 프로젝트》는 가정과의 연계 교육이 매우 중요한 유아기에 부모와 긴밀하게 상호 작용할 수 있도록 구성되어 있습니다. 전 연령에 맞는 교재가 구비되어 있기 때문에 모든 가족, 더 나아가 모든 교회의 구성원이 같은 말씀으로 대화를 나눌 수 있습니다. 이 교재를 통해 다음 세대가 인생에 꼭 필요한 '예수 그리스도의 복음'의 토대 위에서 은혜 안에 자라 가기를 바랍니다.

이영희 _ 카도쉬비전센터 이스라엘교육연구원 대표, 《토라 태교》 저자

두란노서원은 오랫동안 어린이용 성경 큐티 자료집의 발간을 통해 어린이들이 가정에서 부모와 함께 성경을 읽고 묵상할 수 있는 주요한 사역을 감당해 왔습니다. 이제 두란노서원의《가스펠 프로젝트》의 발간으로 아이들이 교회에서는 교회학교 교사와, 가정에서는 부모와 성경을 공부해 복음적 삶의 변화를 가져올 수 있게 됨을 축하합니다.《가스펠 프로젝트》는 교회학교 교사가 아이들에게 말씀을 효과적으로 가르칠 수 있는 교수 매체로서, 아이들과 함께 다양한 놀이 및 활동을 할 수 있도록 안내합니다. 유치부가 사용할 교재의 삽화는 성경의 주요 본문에 가까워 성경의 본문 내용을 이해하도록 하는 데 도움을 줍니다. 또한 활동 자료는 아이들의 발달 수준에 적절합니다.《가스펠 프로젝트》를 사용하는 교회학교 교사, 부모, 아이들이 예수 그리스도를 배우고 본받아 하나님이 주신 사명을 실천할 수 있기를 바랍니다.

장화선 _ 안양대학교 기독교교육과 교수

1 단원

능력을 주시는 성령님

오순절에 예루살렘에 함께 모여 있던 사도들과 제자들에게 예수님이 약속하신 성령님이 임하셨습니다. 제자들은 성령님의 인도하심으로 복음을 전했고, 많은 사람이 예수님을 믿고 세례를 받았습니다. 하나님은 우리에게 예수님을 전하게 하셔서 사람들이 회개하고 구원받게 하십니다.

약속하신 성령님이
오셨어요

걷지 못하는 사람이
걷게 되었어요

베드로와 고넬료가
만났어요

에티오피아 관리가
예수님을 믿었어요

스데반이
예수님을 전했어요

카운트다운

자동차 극장

DVD 카운트다운 영상(**지도자용 팩**)은 예배 대형으로 모이거나 대형을 바꾸며 준비할 시간을 알리는 데 활용한다. 익숙해질 때까지 중간에 남은 시간을 알리는 것도 좋다.
예) "1분 전입니다", "30초 전입니다. 마음을 가다듬고 기도하며 하나님께 나아갑시다" 등.

단원 암송

너희 안에서 행하시는 이는 하나님이시니 자기의 기쁘신 뜻을 위하여 너희에게 소원을 두고 행하게 하시나니(빌 2:13).

빌립보서 2:13

원곡 : 예수께서 오실 때에(새찬송가 564장)

작곡 : 조지 프레데릭 루트
편곡 : 김효정

1

약속하신 성령님이 오셨어요

[행 2:1~4, 22~42]

주제 성령님이 제자들에게 임하셨어요.

예수님 생각하기 하나님은 성령님을 보내겠다는 약속을 지키셨어요. 예수님의 제자들은 예수님을 전할 준비가 되었어요. 하나님은 예수님을 믿는 사람들에게 성령님을 주세요. 성령님은 우리가 하나님의 일을 할 수 있도록 힘을 주시고, 예수님을 닮아 가도록 변화시켜 주세요.

단원 암송 빌 2:13

성경의 초점 성령님은 어떤 일을 하시나요?
성령님은 예수님을 믿게 하시고 따르도록 도와주세요.

본문 속으로

예수님은 승천하시면서 제자들에게 예루살렘으로 가서 기다리라고 말씀하셨습니다. 예수님은 성령이 그들에게 임하실 것이라고 약속하셨습니다. 제자들은 예루살렘으로 가 성령님을 기다리며 기도했습니다.

오순절 또는 칠칠절이라고도 불리는 유대인의 명절은 유월절과 마찬가지로 로마 제국 전역에 흩어진 유대인들이 예루살렘 성전에 모이는 기간입니다. 오순절 기간에 예루살렘에 모여 기도하던 성도들에게 성령님이 임하셨습니다. 그들은 급하고 강한 바람 같은 소리를 들었습니다.

제자들은 성령 충만하여 방언으로 하나님이 하신 큰일을 말하기 시작했습니다. 세계 각지에서 모인 유대인들은 놀랐습니다. 제자들은 갈릴리 출신이었지만 각국에서 온 사람들이 이해할 수 있는 언어로 말했던 것입니다. 제자들은 사람들에게 하나님의 계획에 관해 이야기했습니다.

성령님은 베드로가 사람들을 가르치도록 도와주셨습니다. 예수님은 그리스도이시며 죽임을 당하셨지만 부활하셨다는 것을 전하도록 말입니다(행 2:22~36 참조). 성령님은 군중의 죄를 책망하셨습니다. 그러자 사람들이 "우리가 어찌할꼬"라고 물었습니다. 베드로는 그들에게 예수 그리스도의 이름으로 세례를 받고 죄 사함을 받으라고 말했습니다(행 2:37~38 참조). 그날 3천 명이 구원을 받았습니다!

하나님은 성령을 보내겠다는 약속을 지키셨습니다. 성령님의 도우심으로 예수님의 제자들은 온 세계에 복음을 전할 수 있었습니다.

● ● 티칭 포인트

하나님은 예수님을 구주로 믿는 사람들에게 성령을 주십니다. 성령님이 하나님의 일을 할 수 있는 힘을 주시고, 예수님을 닮아가도록 변화시켜 주신다는 것을 아이들에게 강조하십시오.

이야기 성경

약속하신 성령님이 오셨어요

행 2:1~4, 22~42

오순절이 되자 사람들이 절기를 지키기 위해 멀리서부터 예루살렘으로 모였어요. 예수님의 제자들도 예루살렘에 모여 있었어요. 갑자기 하늘에서 급하고 강한 바람 같은 소리가 났어요. 그 소리는 예수님의 제자들이 모인 집 안에 가득했어요. 성령님이 제자들에게 임하셨어요. 그들이 말하기 시작했는데 평소에 쓰던 말과는 달랐어요. 제자들은 자신들이 알지도 못하는 다른 말로 이야기를 할 수 있게 된 거예요!

예루살렘에 있던 다른 유대인들이 무슨 일이 일어나고 있는지 보기 위해 모여들었어요. 여러 나라에서 온 사람들은 각기 다른 말을 쓰고 있었어요. 그런데 그들 모두가 예수님의 제자들이 하는 말을 알아들을 수 있었어요!

베드로가 일어서서 사람들에게 말했어요. "여러분은 예수님이 베푸신 기적을 보았습니다. 하나님은 예수님의 죽음을 계획하셨고, 예수님을 죽음에서부터 살리셨습니다. 이제 예수님은 하나님의 오른편에 앉아 계십니다. 그리고 예수님은 우리에게 성령님을 보내 주셨습니다." 베드로는 계속해서 말했어요. "예수님은 주님이자 그리스도이십니다. 그러나 그분을 여러분이 십자가에 못 박아 죽게 했습니다!"

사람들은 베드로가 진실을 말하고 있다는 것을 알았어요. 그래서 "우리가 어떻게 해야 합니까?"라고 물었어요. 베드로는 "죄에서 돌이켜 세례를 받으십시오. 하나님이 여러분의 죄를 용서해 주실 것이며, 여러분에게 성령을 선물로 주실 것입니다"라고 말했어요. 그날 약 3천 명의 사람들이 죄에서 돌이켜 세례를 받았어요. 그들은 모두 예수님을 믿고 예수님의 제자가 되었어요.

● ● 예수님 생각하기

하나님은 성령님을 보내겠다는 약속을 지키셨어요. 예수님의 제자들은 예수님을 전할 준비가 되었어요. 하나님은 예수님을 믿는 사람들에게 성령님을 주세요. 성령님은 우리가 하나님의 일을 할 수 있도록 힘을 주시고, 예수님을 닮아 가도록 변화시켜 주세요.

이야기 TIP

- **음향효과 사용하기 :** 급하고 강한 바람 소리, 외국어, 물이 첨벙이는 소리(세례받는 부분)에 해당하는 음향을 준비해 적절한 대목에 들려준다.
- **외국어로 성경 이야기 들려주기 :** 외국어를 사용하는 성도를 초대해서 다른 언어로 성경 이야기를 들려주게 한다. 먼저 한국말로 이야기를 들려준 뒤 외국어로 들려준다. 이야기를 하는 동안 같은 손동작, 어조, 표정을 사용하도록 한다.

싱글벙글 환영해요

DVD "성령의 능력으로"(지도자용 팩)를 튼다. 아이들을 반갑게 맞이하며 헌금과 기도를 도와준다. 예배 중 헌금 순서가 있다면 아이들이 헌금을 잘 간수하도록 돕는다. 가방과 외투를 정리하도록 안내한다. 새로 온 아이가 있다면 음수대와 화장실의 위치를 알려 주고, 보호자와 만나는 시간과 방법 등을 소개한다. 보호자들을 위한 안내문을 붙여 아이와 만나는 시간, 기다리는 장소, 헌금 방법, 아이에 대한 특별한 주의 사항을 교사에게 미리 알려 달라는 당부 등을 공지한다.

너랑 나랑 마음 열기

주제와 관련 있는 퍼즐이나 블록 등 아이들이 좋아하는 장난감을 몇 가지 비치해 두고 다양한 활동을 하며 예배를 준비하거나 예배 장소 및 친구들과 익숙해지도록 돕는다. 아이들이 마음을 열고 오늘의 주제에 관심을 갖게 하며 예배에 집중할 수 있도록 도와준다. 교회 형편에 맞게 시간과 활동 방법을 조절한다.

'기다리기' 게임을 해요 *

준비물 ▶ 1~10까지 숫자를 적은 카드, 공

❶ 아이들이 서로 마주볼 수 있도록 둥글게 앉힌다.
❷ 인도자가 1~10까지 숫자를 적은 카드를 펼쳐 한 손에 들고 아이들에게 한 장씩 뽑으라고 한다. 이때 자신이 뽑은 숫자를 기억해야 한다고 말해 준다.
❸ 인도자가 아이들 중 한 명에게 공을 건네줄 텐데, 공을 받은 아이는 자신이 뽑은 숫자를 큰 소리로 말하고, 나머지 아이들이 1부터 그 숫자까지 세면 된다는 게임의 규칙을 설명해 준다.
❹ 숫자 세기가 끝나면 공을 다른 아이에게 굴려 보내고 ❸의 활동을 반복한다.
❺ 모든 아이가 공을 받고 ❸의 활동을 할 때까지 게임을 한다.

인도자 숫자를 다 셀 때까지 공을 갖고 있는 것이 어려웠나요? 때로 기다리는 일은 힘들지요. 오늘의 성경 이야기에서 예수님의 제자들은 무엇인가를 기다렸어요. 예수님은 이 땅을 떠나 하늘로 올라가시기 전에 제자들에게 성령님을 보내 주겠다고 약속하셨어요. 예수님은 그들에게 예루살렘에서 성령님을 기다리라고 말씀하셨지요. 제자들은 성령님이 오실 때까지 예루살렘에 모여 있었어요. 그곳에서 무슨 일이 있었는지 알아보도록 해요.

바람을 만들어요✻

준비물 ▶ 빨대, 책상, 박스테이프, 빨대를 통과하지 못하는 다양한 물건(깃털, 화장 솜, 폼폼이, 탁구공, 끈 등)

❶ 아이들에게 빨대를 하나씩 나누어 준다.
❷ 책상 위에 박스테이프를 붙여 출발선과 도착선을 표시한다.
❸ 출발선 위에 빨대를 통과하지 못하는 물건 하나를 올려놓는다.
❹ 아이들에게 인도자가 "출발!"을 외치면 빨대를 이용해 ❸의 물건에 바람을 불어 도착선으로 보내면 된다고 말해 준다.
❺ 아이들을 한 명씩 차례대로 책상 앞에 세워 ❹의 활동을 하게 하고, 마지막 아이까지 활동을 반복한다.

인도자 빨대로 바람을 불어서 게임을 해 보니 정말 재미있었지요? 우리가 바람을 만든 거예요! 그런데 오늘의 성경 이야기에서 예수님의 제자들이 모여 있을 때 급하고 강한 바람 같은 소리가 하늘에서 들려와 온 집 안을 가득 채웠대요. 어떤 일이 일어났는지 함께 들어 보아요.

예배 대형으로 모이기

- 카운트다운 영상, 모이기 노래 등을 활용해 예배 대형으로 바꾸고 마음을 준비하게 한다.
- 공간을 이동해야 한다면 공중에 양팔을 흔들고 "휘휘" 바람 소리를 내며 가도록 한다.

가스펠 설교

하나 — 들어가기

"여러분을 환영합니다"라는 문장을 여러 나라의 언어로 말하는 연습을 미리 해 둔다. 아이들에게 외국어로 통역한 문장을 여러 번 들려준다.

tip
- 영어 : Welcome everyone[웰컴 에브리원].
- 중국어 : 迎 大家[환잉 따지아].
- 러시아어 : Добро пожаловать[도브로 빠좔로바찌].
- 스페인어 : Bienvenido[비엔베니도].

제가 지금 무엇이라고 말했을까요? 여러분은 영어/중국어/러시아어/스페인어를 모르기 때문에 아마 이해하지 못했을 거예요. 오늘의 성경 이야기에서 성령님은 예수님의 제자들이 그들이 알지 못하는 말로 이야기할 수 있게 해 주셨어요.

둘 — 성경 이야기

DVD 사도행전 2장을 편다. 설교 영상(**지도자용 팩**)을 보여 주거나 이야기 성경을 들려준다.

성경은 세상에서 가장 중요한 책이에요. 성경은 하나님의 말씀이거든요. 하나님의 말씀은 모두 사실이에요. 오늘의 성경 이야기는 신약성경의 '사도행전'에 나와요.

셋 — 메시지와 정리

예수님이 약속하신 대로 **성령님이 제자들에게 임하셨어요.** 성령님은 예수님의 제자들이 여러 나라 사람들에게 예수님에 대한 기쁜 소식인 복음을 전하도록 도와주셨어요. 그날 3천 명의 사람들이 예수님을 믿게 되었어요!

DVD '가스펠 프로젝트_하나님의 구원 계획' 영상(**지도자용 팩**)을 보여 주고 오늘의 성경 이야기도 하나님의 거대한 구원 계획의 한 부분에 속하는 이야기임을 상기시킨다. 연대표(**지도자용 팩**)를 가리키면서 복습 질문을 한다.

1. 예수님이 약속하신 대로 예수님의 제자들에게 임하신 분은 누구이신가요? 성령님
2. 예수님의 제자들은 어떻게 자신들이 모르는 언어로 말할 수 있게 되었나요? 성령님이 능력을 주셔서

3. 사람들에게 예수님이 그리스도라고 말한 사람은 누구인가요? 베드로
4. 베드로는 사람들에게 죄에서 돌이켜 무엇을 받으라고 말했나요? 세례

넷 — 성경의 초점

제자들이 모여 기도하고 있을 때 **성령님이 제자들에게 임하셨어요**. **"성령님은 어떤 일을 하시나요?"**, **"성령님은 예수님을 믿게 하시고 따르도록 도와주세요."** 이것이 1단원의 '성경의 초점'이에요. 성령님은 예수님의 제자들이 여러 나라에서 온 사람들에게 복음을 전하도록 도와주셨어요. 하나님은 예수님을 믿는 사람들에게 성령님을 주세요. 성령님은 우리가 하나님의 일을 할 수 있도록 힘을 주시고, 우리가 예수님을 닮아 가도록 변화시켜 주세요.

다섯 — 복음 초청

아이들에게 '복음'이라는 말을 들어 본 적이 있는지 물어본다.

'복음'이라는 말을 들어 본 적이 있나요? 복음이란 '좋은 소식'이라는 뜻이에요. 우리에게 보내신 하나님의 좋은 소식이 무엇일까요?

성경과 48쪽 복음 초청 가이드를 이용해서 아이들에게 그리스도인이 되는 법을 설명해 준다. 따로 상담해 줄 사람을 정해 주고 궁금한 점이 있으면 물어보도록 격려한다.

이 시간 예수님을 믿고 마음에 모시고 싶은 친구는 함께 기도해요.

여섯 — 기도

하나님, 우리에게 하신 약속을 지켜 주셔서 감사해요. 성령님을 우리에게 보내 주셔서 우리가 지혜를 얻고, 예수님을 사랑하는 마음이 깊어지게 해 주셔서 감사해요. 우리가 늘 성령님과 함께 살아갈 수 있도록 도와주세요. 예수님의 이름으로 기도합니다. 아멘.

일곱 — 암송송

성경에서 빌립보서 2장 13절을 펴고 큰 소리로 여러 번 따라 읽게 한다.

하나님께 순종하고 하나님의 일을 하는 것은 우리의 힘으로 할 수 없어요. 우리는 죄인이에요. 그런데 1단원 암송 구절은 우리가 하나님께 순종하면 하나님의 일을 할 수 있도록 하나님이 도와주신다고 말해요. 하나님이 도와주시면 할 수 있어요.

암송송(136쪽)에 맞추어 손유희를 하며 말씀을 익힌다.

"너희 안에서 행하시는 이는 하나님이시니 자기의 기쁘신 뜻을 위하여 너희에게 소원을 두고 행하게 하시나니"(빌 2:13).

알콩달콩 말씀 놀이

성령님이 오셨어요

준비물 ▶ 유치부 교재 4쪽, 41쪽 '성령의 불' 스티커, '말풍선' 스티커

이야기 나누기

- 성령님이 오셨을 때 어떤 일이 일어났나요?
- 베드로는 사람들에게 예수님이 어떤 분이시라고 말했나요?
- 성령님의 도움을 받아 예수님을 전하고 싶은 사람이 있나요? 어떻게 말하면 좋을지 생각해 보세요.

❶ 유치부 교재 41쪽 '성령의 불' 스티커를 떼어 기도하는 제자들의 머리 위에 붙여 주라고 한다.

❷ 성령님이 오시자 제자들은 각 나라 말로 예수님을 전했다고 이야기해 준다. 아이들에게 제자들이 무슨 이야기를 했는지 궁금하냐고 물어보고, 유치부 교재 41쪽 '말풍선' 스티커를 떼어 복음을 전하는 제자들에게 각각 붙여 주라고 한다.

❸ 아이들과 함께 '말풍선' 스티커에 적힌 글씨를 큰 소리로 읽어 본다.

❹ 성령님을 만나 기쁘게 변화된 사람들의 표정을 하나하나 살펴본다.

인도자 **성령님이 제자들에게 임하셨어요.** 성령님을 만나고 변화된 사람들의 표정을 보세요! 정말 기뻐하고 있지요! 오순절에 함께 모여 있던 사람들은 성령님을 만나고 나서 이전과는 다른 모습으로 변화되었어요. 바로 이렇게 기쁨이 넘치는 모습으로요! 성령님이 도와주시면 우리의 마음에 기쁨이 넘치고 용기가 생겨요. 성령님은 우리에게 하나님의 일을 할 수 있는 힘과 지혜를 주세요. 성령님은 바로 예수님이 보내겠다고 약속하신 선물이시랍니다. 예수님은 이 땅에 남아 있는 우리를 위해 성령님이라는 크고 소중한 선물을 보내 주셨어요.

1단원 암송 구절을 외워요 *

준비물 ▶ 136쪽 '1단원 암송 구절 손유희'

❶ 아이들에게 1단원 암송 구절 손유희(136쪽)를 가르쳐 주고, 여러 번 반복해 외우게 한다.

인도자 1단원 암송 구절은 하나님이 우리 안에서 성령님을 통해 일하신다는 것을 기억하게 해 주어요. 예수님이 약속하신 대로 **성령님이 제자들에게 임하셨어요.** 하나님은 예

수님을 믿는 사람들에게 성령님을 주세요. 성령님은 우리가 하나님의 일을 할 수 있도록 힘을 주시고, 예수님을 닮아 가도록 변화시켜 주세요. **성령님은 어떤 일을 하시나요? 성령님은 예수님을 믿게 하시고 따르도록 도와주세요.**

찰흙 사람을 만들어요 *

준비물 ▶ 신문지, 물티슈, 미술용 앞치마, 찰흙, 사람 모양 틀, 찰흙 놀이 도구(찰흙 칼 등)

❶ 책상에 신문지를 깔고 아이들에게 미술용 앞치마를 입혀 준다.
❷ 아이들에게 찰흙을 한 덩어리씩 나누어 주고 찰흙 사람을 가능한 한 많이 만들라고 한다. 이때 사람 모양 틀을 이용해도 좋다.
❸ 아이들이 만든 찰흙 사람이 몇 명인지 수시로 숫자를 센다.
❹ 찰흙을 다 사용하고 나면 찰흙 사람들을 한 줄로 놓고, 총 몇인지 아이들과 함께 큰 소리로 세어 본다.
❺ 아이들이 뒷정리를 잘할 수 있도록 도와준다.

인도자 찰흙으로 많은 사람을 만들어 보았어요. 그런데 오늘의 성경 이야기에서 여기 있는 사람들보다 훨씬 많은 수의 사람들이 예수님을 믿게 되었어요. 오순절에 **성령님이 제자들에게 임하셨어요.** 성령님은 그들에게 복음을 전할 수 있는 능력을 주셨어요. 베드로는 사람들에게 예수님이 그리스도라고 말했어요. 사람들은 베드로의 말이 사실인 것을 알게 되었어요. 그래서 그날 3천 명이 죄를 회개하고 예수님을 믿게 되었답니다.

"예수 사랑하심을"(새찬송가 563장) 찬송을 외국어로 불러요 *

준비물 ▶ "예수 사랑하심을" 찬송의 외국어 가사

❶ 미리 "예수 사랑하심을" 찬송을 다른 언어로 익혀 둔다.

예) • 일본어: 主我を愛す 主は強ければ[슈와레오아이스 슈와츠요케레바] / 我弱くとも 恐れはあらじ[와레요와쿠토모 오소레와아라지] / 我が主イェス 我が主イェス[와가슈예수 와가슈예수] / 我が主イェス 我を愛す[와가슈예수, 와레오아이스].

• 중국어: 耶稣爱我万不错 因有圣书告诉我[예수아이워완부추어 인요우성수까오수워] / 凡小孩子主牧养 我虽软弱主强壮[판샤오하이즈주무양 워수이란루안루오주치앙짱] / 主耶稣爱我 主耶稣爱我[주예수아이워 주예수아이워] / 主耶稣爱我 有圣书告诉我[주예수아이워 요우성수까오수워].

❷ 아이들과 함께 한국어로 "예수 사랑하심을" 찬송을 여러 번 불러 본다.
❸ 외국어로 "예수 사랑하심을" 찬송을 부른다. 아이들이 따라 할 수 있도록 지도해도 좋다.

tip 외국어를 잘하는 성도를 유치부 예배에 초대해서 아이들에게 찬송을 가르치고 함께 부르는 시간을 가져도 좋다.

인도자 우리는 예수님이 우리를 얼마나 사랑하시는지를 이야기하는 찬송을 다른 나라 말로 불러 보았어요. 오늘의 성경 이야기에서 **성령님이 제자들에게 임하셨어요.** 그러자 그들은 다른 나라 말로 이야기할 수 있게 되었어요. 외국어를 배우거나 연습하지 않았는데도요! 이 일로 많은 사람이 예수님에 대한 복음을 듣고 믿게 되었어요. 하나님은 예수님을 믿는 사람들에게 성령님을 주세요. 성령님은 우리가 하나님의 일을 할 수 있도록 힘을 주시고, 예수님을 닮아 가도록 변화시켜 주세요.

풍향계를 만들어요 *

준비물 ▶ A4 컬러 복사지, 가위, 셀로판테이프, 펀치, 끈, 꾸미기 도구(사인펜, 색연필, 스티커 등)

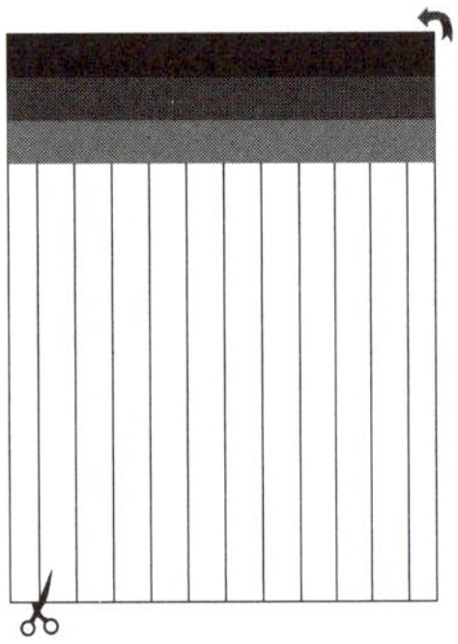

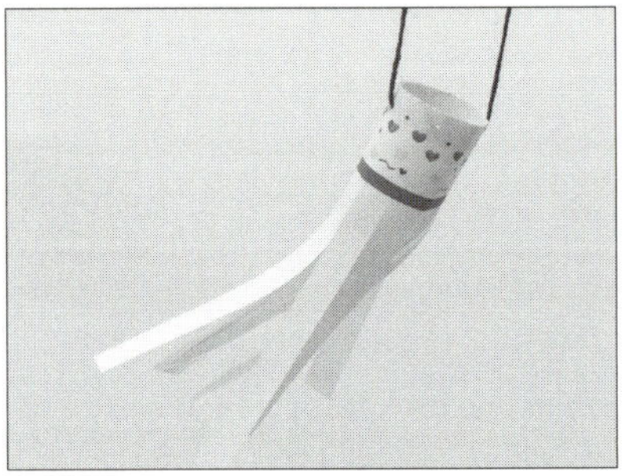

❶ 아이들에게 A4 컬러 복사지를 나누어 주고 위쪽 7cm 부분을 몸통으로 생각하고, 꾸미기 도구를 이용해 장식하라고 한다.

❷ ❶의 몸통 아랫부분을 2.5cm 간격으로 자르게 한다.

tip 가위질을 어려워하는 아이의 경우 선생님이 도와준다.

❸ ❶의 몸통 부분을 둥그렇게 말아 셀로판테이프로 고정한다.

❹ ❸의 둥글게 말린 윗부분 양쪽에 펀치로 구멍을 뚫고 끈을 넣어 묶어 손잡이를 만들어 풍향계를 완성한다.

인도자 풍향계를 창 밖에 걸고, 바람이 불 때 긴 종이가 어떻게 흔들리는지 관찰해 보세요. 풍향계가 바람에 흔들릴 때마다 바람처럼 임하신 성령님을 떠올려 보세요. 하나님은 약속하신 대로 성령님을 보내셨어요. 제자들은 성령님의 능력으로 사람들에게 복음을 전했어요. 우리가 예수님을 믿으면 하나님은 우리에게도 성령님을 보내 주셔서 하나님의 일을 할 수 있도록 힘을 주세요.

외국어로 대답해요 *

준비물 ▶ '네'를 가리키는 다양한 외국어를 적은 카드

❶ '네'를 가리키는 다양한 외국어를 적은 카드를 준비해 둔다.

예) 영어 : Yes[예스], 일본어 : はい[하이], 중국어 : 是[스] 등.

❷ '네'라고 대답할 수 있는 여러 가지 질문을 준비해 둔다.

tip • 예수님을 사랑하나요?

- 예수님이 우리를 위해 십자가에 달려 돌아가신 것을 믿나요?
- 제자들은 성령님을 만나고 변화되었나요?
- 성령님이 우리와 함께 계시는 것을 믿나요?

❸ 아이들에게 ❶의 카드를 하나씩 보여 주면서 함께 발음을 연습해 본다.

❹ 아이들에게 인도자가 질문을 할 텐데 다양한 외국어로 대답하면 된다고 말해 준다.

❺ 자원하는 아이에게 ❷를 질문하고, 답을 들어 본다.

인도자 다양한 외국어로 대답을 정말 잘해 주었어요. 오늘의 성경 이야기에서는 예수님의 제자들이 말을 시작하자 여러 나라에서 온 사람들이 그들의 말을 알아들을 수 있었어요. 제자들이 외국어로 말했거든요. 놀라운 일이지요! **성령님이 제자들에게 임하셨어요**. 하나님은 예수님을 믿는 사람들에게 성령님을 주세요. 성령님은 우리가 하나님의 일을 할 수 있도록 힘을 주시고, 예수님을 닮아 가도록 변화시켜 주세요.

소곤소곤 꿀~꺽 간식

준비물 ▶ 안에 고명이 들어 있는 도넛, 포크, 접시, 과일 주스

❶ 카운트다운 영상, 정리하기 노래 등을 활용해 활동이 끝났음을 알린다. 아이들에게 주변을 정리하게 하고, 화장실에 가거나 물티슈 등을 이용해 손을 씻을 시간을 준다.

❷ 감사 기도를 드리고 도넛과 과일 주스를 간식으로 나누어 준다. 성령님이 제자들에게 임하신 일에 대해 함께 이야기를 나눈다. 우리는 도넛 안에 무엇이 들어 있는지 눈으로 볼 수 있지만, 우리 안에 계신 성령님은 눈으로 볼 수 없다고 말해 준다. 그러나 우리에게 성령님이 계신지 알 수 있는 방법이 있는데, 무엇인가를 생각하고 행동할 때 예수님을 닮아 가는지를 보면 된다고 이야기해 준다.

❸ 간식을 먹은 후 마무리 정리를 잘하도록 지도한다.

오순도순 마무리

준비물 ▶ 유치부 교재 35쪽 메시지 카드, 소그룹 활동지, 펀치, 카드 고리, 파일

❶ 카드를 떼고 반으로 접은 뒤 펀치로 구멍을 뚫어 고리로 연결하게 한다.

가족과 활동해요

- 우리 가족에게 익숙한 장소를 떠올리세요. 그곳에 얼마나 많은 사람이 앉을 수 있는지 계산해 보세요. 그리고 아이들과 함께 3천 명처럼 많은 사람을 그려 보세요.
- 가족과 함께 교회에서 다른 나라 언어로 드리는 예배에 참석하세요.

❷ 가방이나 지갑에 고리를 끼워 항상 휴대하면서 오늘 배운 성경 이야기를 수시로 기억하게 하고, 가족과도 함께 나눌 수 있도록 격려한다.

tip 한 주에 한 장씩 나누어도 좋고, 11과 메시지 카드를 모두 떼어 신약 4권의 메시지 카드철을 만들어도 좋다.

❸ 카드 뒷면의 나만의 기록장을 펴고 주어진 과제 또는 오늘 새롭게 알게 된 내용이나 기억에 남는 성경 이야기, 하나님께 하고 싶은 말 등을 기록해 보도록 한다.

tip 시간 여건에 맞게 교회나 가정에서 기록할 수 있도록 지도한다.

❹ 소그룹 활동지를 떼어 파일에 끼우고 가방에 정리하게 한다.

❺ 아이들의 기도 제목을 물어보고 기도로 마무리한다.

인도자 하나님, 우리를 그냥 버려두지 않으시고 성령님을 보내셔서 우리와 언제, 어디서나 함께 해 주셔서 감사해요. 우리는 하나님의 일을 할 수 있는 힘이 없어요. 하지만, 성령님이 힘 주시면 하나님의 일을 할 수 있어요. 우리가 날마다 예수님을 닮아 갈 수 있도록 성령님이 도와주세요. 예수님의 이름으로 기도합니다. 아멘.

❻ 아이를 데리러 온 부모에게 아이가 특별히 즐거워했거나 잘했던 활동들에 대해 이야기해 주고, 가정에서 성경 읽기와 가족 활동을 진행할 수 있도록 격려한다.

나만의 기록장

성령님이 함께 계시는 내 모습 그리기

2

걷지 못하는 사람이 걷게 되었어요

[행 3:1~10, 4:5~31]

주제
베드로는 예수님의 이름으로 걷지 못하는 사람을 고쳤어요.

예수님 생각하기
예수님이 승천하신 후에 성령님이 오셔서 제자들에게 하나님의 일을 할 수 있는 힘을 주셨어요. 베드로는 예수님의 이름으로 걷지 못하는 사람을 고쳤어요. 종교 지도자들은 제자들에게 예수님의 이름으로 말하지도 말고 가르치지도 말라고 했지만, 제자들이 복음을 전하는 일을 막을 수 없었어요.

단원 암송
빌 2:13

성경의 초점
성령님은 어떤 일을 하시나요?
성령님은 예수님을 믿게 하시고 따르도록 도와주세요.

본문 속으로

오순절에 성령님이 임하셨습니다. 예수님의 제자들은 모든 민족에게 복음을 전하라는 예수님의 사명을 수행할 능력을 받았습니다. 점점 더 많은 사람이 예수님을 믿게 되었습니다. 그들은 성전에 모여 하나님을 찬양하고 경배했습니다. 그리고 드디어 첫 번째 교회가 세워졌습니다.

어느 날 오후에 베드로와 요한이 기도하러 성전에 올라갔습니다. 그들은 성전 입구에서 구걸하는 한 사람과 마주쳤습니다. 그는 태어나면서부터 걷지 못하는 사람이었습니다. 베드로는 그에게 돈을 주는 대신 더 귀한 것을 주었습니다. 예수님의 이름으로 그를 치유한 것입니다.

이 성경 이야기를 아이들에게 가르칠 때 세 가지를 명심하십시오.

첫째, 베드로가 구걸하던 사람(행 3:3 참조)을 고친 것은 마술이 아니었습니다. 그것은 기적이었습니다. 사도행전 3장 12절에서 베드로는 이 일을 보고 놀란 사람들에게 말했습니다. "이 일을 왜 놀랍게 여기느냐 우리 개인의 권능과 경건으로 이 사람을 걷게 한 것처럼 왜 우리를 주목하느냐." 걷지 못하는 사람이 치유된 것은 베드로의 믿음이 좋았기 때문이 아닙니다. 베드로는 예수님의 능력으로 그가 치유된 것이라고 설명했습니다.

둘째, 치유는 고침받은 사람을 행복하게 하고 감사하게 했습니다. 그는 성전에 들어가 기뻐했습니다! 구원의 놀라운 기적을 생각해 보십시오. 우리는 죄 가운데 죽었으며, 하나님은 그리스도 안에서 우리를 살리셨습니다! 우리는 기뻐하고 주님께 감사해야 합니다!

마지막으로 베드로와 요한은 담대하게 예수님을 전했습니다. 종교 지도자들과 맞닥뜨렸을 때에도 피하지 않았습니다. 오히려 예수님 안에 있는 구원에 관해 설교했습니다. 그들은 "보고 들은 것을 말하지 아니할 수 없다"(행 4:20)라고 말했습니다.

●● 티칭 포인트

베드로가 걷지 못하는 사람을 치유한 것과 동일한 성령의 능력이 오늘날 우리로 하여금 예수님을 위해 선교할 수 있게 합니다. 하나님이 그분의 영광과 예수님의 이름을 위해 기꺼이 쓰임받기 원하는 마음을 아이들에게 주시도록 기도하십시오.

이야기 성경

걷지 못하는 사람이 걷게 되었어요

행 3:1~10, 4:5~31

어느 날 베드로와 요한이 기도하러 성전으로 올라갔어요. 성전 문 앞에 한 사람이 앉아 있었어요. 그 사람은 걸을 수 없었어요. 그래서 친구들이 매일 그를 성전 문 앞까지 데려다 주었지요. 그러면 그는 성전에 들어가는 사람들에게 돈을 달라고 구걸했어요. 그는 몸이 불편해 일을 할 수 없었기 때문이에요.

구걸하던 사람이 베드로와 요한을 보고는 도와 달라고 말했어요. 베드로는 그에게 "우리를 보시오"라고 말했어요. 그는 베드로와 요한을 쳐다보았어요. 그들이 돈을 줄 것이라고 생각했지요. 베드로는 "나에게 은과 금은 없소"라고 말했어요. 그러나 베드로는 그 사람에게 더 좋은 것을 주었어요. "내게 있는 것을 당신에게 주노니 나사렛 예수 그리스도의 이름으로 일어나 걸으시오." 베드로는 이렇게 말하면서 손을 내밀어 그 사람을 일으켰어요. 그러자 그가 나았어요! 발에 힘이 생겨서 걷고 뛸 수 있게 된 거예요! 그는 베드로와 요한과 함께 성전에 들어가 하나님을 찬양했어요.

성전에 있던 사람들은 모두 놀랐어요. '저 사람은 매일 성전 문 앞에 앉아 구걸하던 자가 아닌가? 그가 걷게 되다니? 어떻게 이런 놀라운 일이 일어난 것이지?'라고 생각했지요.

다음 날 종교 지도자들이 모였어요. 그들은 베드로와 요한에게 "너희는 어떻게 이 사람을 낫게 했느냐?"라고 물었어요. 성령으로 충만한 베드로는 "그는 예수 그리스도의 이름으로 나았습니다!"라고 말했어요. 그리고 이어서 종교 지도자들에게 예수님은 모든 사람 중에서 가장 뛰어난 분이시라고 말했어요.

종교 지도자들은 더 이상 할 말이 없었어요. 그들은 베드로와 요한에게 조용히 하고 다시는 예수의 이름으로 설교하거나 가르치지 말라고 했어요. 하지만 베드로와 요한은 "우리는 전하지 않을 수 없습니다. 우리가 보고 들은 것을 어떻게 말하지 않을 수 있겠습니까?"라고 말했어요. 베드로와 요한은 다른 성도들을 만나서 두려움 없이 담대히 예수님을 전할 힘을 달라고 기도했어요.

●● 예수님 생각하기

예수님이 승천하신 후에 성령님이 오셔서 제자들에게 하나님의 일을 할 수 있는 힘을 주셨어요. 베드로는 예수님의 이름으로 걷지 못하는 사람을 고쳤어요. 종교 지도자들은 제자들에게 예수님의 이름으로 말하지도 말고 가르치지도 말라고 했지만, 제자들이 복음을 전하는 일을 막을 수 없었어요.

이야기 TIP

- **행동으로 표현하기 :** 아이들이 걷지 못하는 사람을 표현하게 한다. 자리에 앉아서 돈을 구걸하는 시늉을 해 보게 한다. 인도자가 그 사람이 나았다는 대목을 이야기하면 일어서서 찬양하면서 예배실 안을 돌아다니게 한다.

가스펠 준비

싱글벙글 환영해요

DVD "성령의 능력으로"(**지도자용 팩**)를 튼다. 아이들을 반갑게 맞이하며 헌금과 기도를 도와준다. 예배 중 헌금 순서가 있다면 아이들이 헌금을 잘 간수하도록 돕는다. 가방과 외투를 정리하도록 안내한다. 새로 온 아이가 있다면 음수대와 화장실의 위치를 알려 주고, 보호자와 만나는 시간과 방법 등을 소개한다. 보호자들을 위한 안내문을 붙여 아이와 만나는 시간, 기다리는 장소, 헌금 방법, 아이에 대한 특별한 주의 사항을 교사에게 미리 알려 달라는 당부 등을 공지한다.

너랑 나랑 마음 열기

주제와 관련 있는 퍼즐이나 블록 등 아이들이 좋아하는 장난감을 몇 가지 비치해 두고 다양한 활동을 하며 예배를 준비하도록 돕는다. 아이들이 마음을 열고 오늘의 주제에 관심을 갖게 하며 예배에 집중할 수 있도록 도와준다. 교회 형편에 맞게 시간과 활동 방법을 조절한다.

앉아 있는 친구를 일으켜 주어요 *

❶ 아이들을 3명씩 한 팀으로 나눈다.

❷ 3명 중에 1명이 앉고, 나머지 2명이 앉아 있는 친구를 일으켜 세워 주면 된다는 게임의 규칙을 설명해 준다.

❸ 앉아 있는 역할을 바꾸어 가면서 활동을 반복한다.

인도자 앉아 있는 친구가 일어나도록 잘 도와주었어요! 주변에 아픈 친구가 있으면 도와주어야 해요. 오늘의 성경 이야기에는 누군가가 도와주지 않으면 일어날 수 없었던 한 사람이 나와요. 어떤 이야기인지 궁금하지요? 함께 들어 보아요.

확성기를 만들어요 *

준비물 ▶ 두꺼운 도화지, 꾸미기 도구(사인펜, 크레파스, 색연필, 스티커 등), 셀로판테이프

❶ 아이들에게 두꺼운 도화지를 나누어 주고 꾸미기 도구를 이용해 장식하라고 한다.

❷ ❶을 깔때기 모양으로 말되, 입을 대는 쪽의 구멍이 500원 동전 크기만 하게 동그랗게 말고 셀로판테이프를 붙여 확성기 모양이 되게 한다.

❸ 확성기를 입에 대고 2과의 주제, "베드로는 예수님의 이름으로 걷지 못하는 사람을 고쳤어요"라고 말하는 방법을 시범으로 보여 준다.

인도자 우리는 목소리가 크게 들리게 할 때 확성기를 사용할 수 있어요. 오늘의 성경 이야기에서 베드로와 요한은 사람들에게 예수님에 대한 복음을 전하기 원했어요. 그러나 그들에게는 확성기가 없었지요. 종교 지도자들은 그들에게 조용히 하고 다른 사람들에게 예수님에 대해 전하지 말라고 말했어요. 그러나 베드로는 "우리는 전하지 않을 수 없습니다. 우리가 보고 들은 것을 어떻게 말하지 않을 수 있겠습니까?"라고 대답했어요. 이제 베드로와 요한이 어떻게 복음을 전했는지 들어 보세요.

예배 대형으로 모이기

- 카운트다운 영상, 모이기 노래 등을 활용해 예배 대형으로 바꾸고 마음을 준비하게 한다.
- 공간을 이동해야 한다면 3~4명씩 팀별로 모여서 군인처럼 씩씩하게 걸어서 가도록 한다.

가스펠 설교

하나 — 들어가기

아이들에게 제자리에서 두 팔을 쭉 뻗고 앞뒤로 흔들며 행진하게 한다. 씩씩하고 건강한 두 다리와 두 팔을 주신 하나님께 감사하면서 더 힘차게 행진하게 한다.

오늘의 성경 이야기에서 베드로와 요한은 걷지 못하는 사람을 만났어요. 우리는 씩씩하게 걸을 수 있는데, 걷지 못하다니 마음이 아프네요. 이제 베드로가 그 사람을 어떻게 도와주었는지 알아보아요.

둘 — 성경 이야기

DVD 사도행전 3~4장을 편다. 설교 영상(지도자용 팩)을 보여 주거나 이야기 성경을 들려준다.

성경은 세상에서 가장 중요한 책이에요. 성경은 하나님의 말씀이거든요. 하나님의 말씀은 모두 사실이에요. 오늘의 성경 이야기는 신약성경의 '사도행전'에 나와요.

셋 — 메시지와 정리

베드로는 예수님의 이름으로 걷지 못하는 사람을 고쳤어요. 베드로는 그가 예수님의 능력으로 걸을 수 있게 되었다고 설명했어요. 예수님의 능력으로 걷게 된 사람은 성전에 들어가 하나님을 찬양했어요! 종교 지도자들은 예수님의 제자들이 예수님에 대한 기쁜 소식인 복음을 전하는 일을 막을 수 없었어요.

DVD 연대표(지도자용 팩)를 가리키면서 복습 질문을 한다.

1. 걷지 못하는 사람의 친구들이 그를 매일 성전으로 데려온 이유는 무엇인가요? 그는 걷지 못해 일할 수 없어서 성전에 들어가는 사람들에게 돈을 구걸했기 때문이다
2. 그 사람은 베드로와 요한이 자신에게 무엇을 줄 것이라고 생각했나요? 돈
3. 베드로는 그 사람에게 무슨 일을 했나요? 병을 고쳐 주어 걷게 했다
4. 베드로에게 고칠 수 있는 능력을 주신 분은 누구이신가요? 예수님(성령님)
5. 종교 지도자들이 베드로와 요한에게 예수님에 대해 전하지 말라고 했을 때 그들은 무엇이라고 대답했나요? "우리는 전하지 않을 수 없습니다. 우리가 보고 들은 것을 어떻게 말하지 않을 수 있겠습니까?"

넷 — 성경의 초점

1단원 '성경의 초점' 질문에 대답해 보세요. "**성령님은 어떤 일을 하시나요**?" 아이들의 대답을 기다린다. 모두 잘 대답해 주었어요! "**성령님은 예수님을 믿게 하시고 따르도록 도와주세요.**" 예수님이 승천하신 후에 성령님은 예수님의 제자들에게 하나님의 일을 할 수 있는 힘을 주셨어요. 우리가 죄에서 돌이켜 예수님을 따르면 하나님은 우리에게도 성령님을 보내 주세요.

다섯 — 복음 초청

성경과 48쪽 복음 초청 가이드를 이용해서 아이들에게 그리스도인이 되는 법을 설명해 준다. 따로 상담해 줄 사람을 정해 주고 궁금한 점이 있으면 물어보도록 격려한다.

이 시간 예수님을 믿고 마음에 모시고 싶은 친구는 함께 기도해요.

여섯 — 기도

하나님, 우리를 위해 예수님을 보내 주신 사랑에 정말 감사해요. 우리를 죄에서 구원하신 예수님을 더 많은 사람이 알도록 우리가 힘써서 예수님을 전할 수 있게 도와주세요. 복음을 듣는 사람들마다 예수님께 돌아올 수 있도록 그들의 마음을 움직여 주세요. 예수님의 이름으로 기도합니다. 아멘.

일곱 — 암송송

성경에서 빌립보서 2장 13절을 펴고 큰 소리로 여러 번 따라 읽게 한다.

우리는 마땅히 하나님께 순종하고 하나님의 일을 해야 하지만 그것은 우리의 힘으로 할 수 있는 일이 아니에요. 우리는 죄인이기 때문이에요. 그런데 1단원 암송 구절은 하나님이 하나님의 자녀가 된 우리 안에서 일하시고, 우리가 하나님께 순종하고 하나님의 일을 할 수 있도록 도와주신다고 말해요. 우리는 성령님을 따라 하나님의 자녀답게 살 수 있어요.

암송송(136쪽)에 맞추어 손유희를 하며 말씀을 익힌다.

"너희 안에서 행하시는 이는 하나님이시니 자기의 기쁘신 뜻을 위하여 너희에게 소원을 두고 행하게 하시나니"(빌 2:13).

가스펠
소그룹

알콩달콩 말씀 놀이

일어나 걸어라!

준비물 ▶ 유치부 교재 6쪽, 색연필

이야기 나누기

- 베드로는 태어나면서부터 걷지 못하는 사람을 보고 무엇이라고 말했나요?
- 하나님이 고쳐 주셔서 걷게 된 사람은 어떤 기분이었을까요?
- 이 과를 통해 알게 된 성령님은 어떤 분이신가요? 친구에게 성령님을 소개해 보세요.

❶ 베드로는 성령님과 함께했기 때문에 태어나면서부터 걷지 못하는 사람을 예수님의 이름으로 고칠 수 있었다고 말해 준다.

❷ 두 그림을 보고 어떤 상황인지 이야기를 나누어 보고, 서로 다른 부분이 보이는지 물어본다. 다른 그림 7곳을 찾아 아래 그림에 ○표 하라고 한다.

인도자 베드로와 요한은 성전으로 기도하러 가다가 걷지 못하는 사람을 보았어요. 그 사람은 베드로와 요한이 자신에게 돈을 줄 것이라고 생각했어요. 하지만 베드로가 준 것은 돈보다 훨씬 좋은 것이었지요. **베드로는 예수님의 이름으로 걷지 못하는 사람을 고쳤어요.** 걷지 못하는 사람에게 새로운 삶이 주어진 거예요. 바로 예수님의 이름으로요! 은과 금보다 더 소중한 것은 바로 예수님이에요. 그 사람은 성전으로 들어가서 하나님을 찬양했어요. 그를 본 사람들은 모두 놀랐어요. 걷지 못하던 사람이 걷게 되었기 때문이지요!

움직이는 그림책을 만들어요 *

준비물 ▶ 139~143쪽 '움직이는 그림', 가위, 스테이플러, 마스킹 테이프

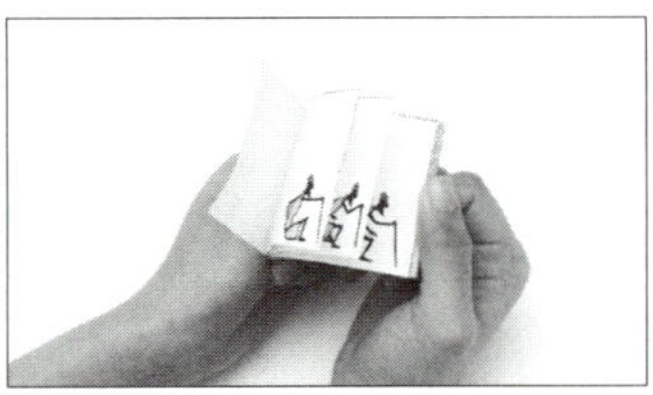

❶ 139~143쪽 '움직이는 그림'을 프린트해서 아이들에게 나누어 준다.

❷ 선대로 그림을 잘라 숫자 1부터 24까지 순서대로 겹쳐서 왼쪽 부분을 스테이플러로 찍어 고정하고, 마스킹 테이프로 감싼다.

❸ 엄지 손가락을 이용해 페이지를 빠르게 넘기며 걷지 못하는 사람이 일어나 움직이는 모습을 관찰하게 한다.

❹ 아이들을 둘씩 짝을 지은 후 서로에게 이 책을 사용해 성경 이야기를 들려주라고 한다.

인도자 **베드로는 예수님의 이름으로 걷지 못하는 사람을 고쳤어요.** 성령님이 베드로에게 능력을 주셔서 그를 고치게 하셨어요. 베드로는 종교 지도자들에게 "그는 예수 그리스도의 이름으로 나았습니다"라고 말했어요. 종교 지도자들은 예수님의 제자들이 사람들에게 복음을 전하지 못하도록 막으려고 했지만 그렇게 하지 못했어요.

십자가 퍼즐을 맞춰요 *

준비물 ▶ 145쪽 '십자가 퍼즐'(또는 지도자용 팩), 두꺼운 도화지, 풀, 가위

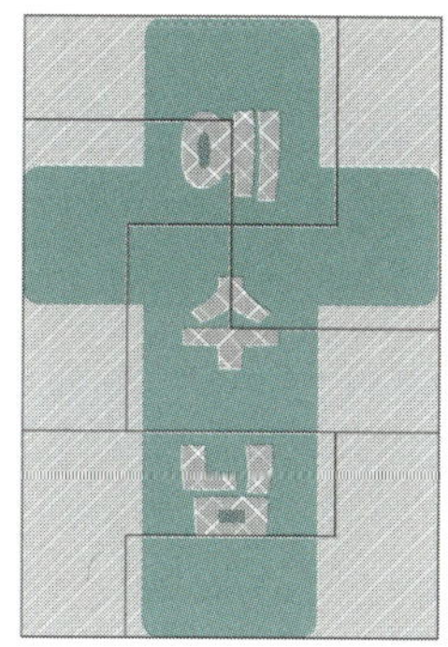

1. 145쪽 '십자가 퍼즐'을 아이들 수만큼 복사해서 두꺼운 도화지에 붙이고 퍼즐 모양으로 자른다.
2. 아이들에게 함께 십자가 퍼즐을 완성해 보라고 한 뒤, 다시 한 명씩 차례로 퍼즐을 맞춰 보게 한다.

tip 아이들이 어려워할 경우 완성된 십자가 퍼즐을 샘플로 보여 준다.

인도자 예수님의 이름은 가장 능력 있는 이름이에요. 오늘의 성경 이야기에서 걷지 못하는 사람이 베드로와 요한에게 도와 달라고 하자 베드로는 "나에게 은과 금은 없소. 내게 있는 것을 당신에게 주노니 나사렛 예수 그리스도의 이름으로 일어나 걸으시오"라고 말했어요. **베드로는 예수님의 이름으로 걷지 못하는 사람을 고쳤어요.** 성령님이 예수님의 제자들에게 하나님의 일을 할 수 있는 힘을 주신 거예요!

걷고, 뛰고, 찬양해요 *

준비물 ▶ 마스킹 테이프

1. 예배실 바닥에 마스킹 테이프를 약 45cm 간격으로 두 줄 붙여 길을 만들어 둔다.
2. 길이 시작되는 쪽에 아이들을 한 줄로 길게 세운다.
3. 다 함께 한 줄로 서서 길을 걷자고 한다. 길을 걷는 중간에 인도자가 "뛰세요" 하면 길 위에서 뛰고, "예수님을 찬양하세요" 하면 "예수님은 우리의 왕이세요!"라고 말하면서 걸으면 된다는 게임의 규칙을 설명해 준다.

tip 한 번에 한 명씩 인도자가 지시하는 동작을 하면서 길을 지나가게 해도 좋다. 구약 4권 "우리의 왕" 찬양의 후렴 부분을 부르게 해도 좋다. "예수는 나의 주 우리의 왕".

인도자 **베드로는 예수님의 이름으로 걷지 못하는 사람을 고쳤어요.** 걷지 못하는 사람의 다리는 힘을 얻어서 걷고 뛸 수 있게 되었지요. 그는 정말 기뻐서 베드로, 요한과 함께 성전으로 들어가 하나님을 찬양했어요. 종교 지도자들은 예수님의 제자들이 복음을 전하는 일을 막을 수 없었어요.

소곤소곤 꿀~꺽 간식

준비물 ▶ 동그란 크래커

❶ 카운트다운 영상, 정리하기 노래 등을 활용해 활동이 끝났음을 알린다. 아이들에게 주변을 정리하게 하고, 화장실에 가거나 물티슈 등을 이용해 손을 씻을 시간을 준다.

❷ 감사 기도를 드리고 동그란 크래커를 간식으로 나누어 준다. 아이들에게 크래커가 동전과 닮았다고 말해 준다. 그리고 오늘의 성경 이야기에 나온 걷지 못하는 사람은 베드로와 요한이 돈을 줄 것이라고 생각했지만, 베드로는 그에게 더 좋은 것을 주었다는 사실을 떠올려 베드로가 예수님의 이름으로 걷지 못하는 사람을 고쳤다는 것을 말해 준다. 또 그는 깨끗이 나아 성전으로 걸어 들어가 하나님을 찬양했다는 사실을 말해 준다.

❸ 간식을 먹은 후 마무리 정리를 잘하도록 지도한다.

오순도순 마무리

준비물 ▶ 유치부 교재 35쪽 메시지 카드, 소그룹 활동지, 파일

❶ 이번 주 메시지 카드로 부모님과 함께 오늘 배운 성경 이야기를 나누어 보라고 한다.

가족과 활동해요

- 각자 자신의 물건들을 살펴보고, 깨끗하게 사용한 물건을 몇 가지 골라 필요한 가족에게 기부하세요.

❷ 나만의 기록장에 기록할 내용을 소개하고, 소그룹 활동지를 떼어 파일에 끼운 뒤 가방에 정리하게 한다.

❸ 아이들을 위해 기도한다.

인도자 하나님은 우리에게 성령님을 보내 주셨어요. 우리가 복음을 전할 수 있도록 우리를 도우시고 능력을 주셔서 감사해요. 예수님의 이름으로 기도합니다. 아멘.

❹ 아이를 데리러 온 부모에게 아이가 특별히 즐거워했거나 잘했던 활동들에 대해 이야기해 주고, 가정에서 성경 읽기와 가족 활동을 진행할 수 있도록 격려한다.

나만의 기록장

걷지 못했던 사람이 뛰며 하나님을 찬양하는 모습 그리기

3

스데반이 예수님을 전했어요

(행 6:8~7:60)

주제 스데반은 죽음을 두려워하지 않고 예수님을 전했어요.

예수님 생각하기 스데반은 예수님을 전하다가 죽임을 당했어요. 예수님은 제자들이 예수님을 사랑한다는 이유로 어려움을 당할 것이라고 말씀하셨어요(막 13:9~13; 요 16:2). 우리가 예수님을 사랑한다는 이유로 사람들이 우리를 미워할 때 우리는 용기를 내야 해요. 예수님도 고난을 당하셨지만, 죽으시고 부활하셨어요. 우리는 언젠가 예수님과 함께 영원히 살 거예요.

단원 암송 빌 2:13

성경의 초점 성령님은 어떤 일을 하시나요?
성령님은 예수님을 믿게 하시고 따르도록 도와주세요.

본문 속으로

스데반 집사는 예루살렘 교회에서 지도자로 선택된 일곱 사람 중 한 명이었습니다(행 6:1~7 참조). 하나님은 스데반에게 복을 주셨고 사도들처럼 기사와 표적을 행할 권능을 주셨습니다.

일부 유대인은 스데반을 신성 모독으로 고소해 유대인 지도자들의 법적 협의체였던 산헤드린 공회로 끌고 갔습니다. 스데반은 공회에 모인 사람들에게 설교했습니다. 그들이 잘 알고 있는 유대인의 역사에서부터 시작했습니다. 유대인 지도자들이 구약성경에서 결코 깨닫지 못하고 있는 것들을 가르쳤습니다.

스데반은 설교를 통해 구약성경이 어떻게 이 땅에 오실 구세주를 가리키고 있는지, 그 구세주가 왜 예수님이신지에 관해 설명했습니다. 그는 유대인의 조상들이 하나님의 선지자들을 거절했다는 사실을 지적했습니다. 유대인들은 그들의 조상과 같이 그리스도이신 주 예수님을 거부했습니다. 예수님을 거부했을 뿐만 아니라 심지어 예수님을 죽이기까지 했습니다!

유대 지도자들은 스데반에게 달려들었습니다. 스데반은 하늘을 우러러보았습니다. 그는 하나님의 영광과 예수님이 하나님의 오른편에 계신 것을 보았습니다. 유대인들은 스데반을 성 밖으로 끌어내어 돌로 쳤습니다.

●● 티칭 포인트

아이들에게 마태복음 10장 22절에 나오는 "또 너희가 내 이름으로 말미암아 모든 사람에게 미움을 받을 것이나 끝까지 견디는 자는 구원을 얻으리라"라는 예수님의 말씀을 상기시켜 주십시오. 예수님을 따르는 일은 어려움과 고난을 포함합니다. 예수님은 경고와 위로의 말씀을 모두 주십니다. "두려워하지 말라"(마 10:26).

스데반은 그리스도인이었기 때문에 죽임을 당했습니다. 예수님은 제자들이 예수님을 사랑한다는 이유로 박해받고, 상처를 입고, 심지어 죽게 될 것이라고 말씀하셨습니다(막 13:9~13; 요 16:2 참조). 또한 예수님으로 인해 핍박받는 자들에게 복이 있을 것이라고 말씀하셨습니다(마 5:11 참조). 스데반은 죽음을 두려워하지 않았습니다. 예수님이 하늘에서 기다리고 계신 모습을 보았기 때문입니다. 큰 기쁨이 하늘에서 기다리고 있는 것을 알기 때문에 우리도 이 땅에서 고난에 맞설 수 있습니다.

이야기 성경

스데반이 예수님을 전했어요

행 6:8~7:60

스데반은 예수님을 사랑하고 교회를 섬기는 사람이었어요. 하나님은 스데반에게 복을 주시고 놀라운 일을 할 능력을 주셨어요.

어느 날 스데반을 싫어하는 몇몇 유대인들이 스데반이 하나님을 *모독했다는 거짓말을 퍼뜨렸어요. 스데반을 함정에 빠뜨리려는 것이었지요. 대제사장은 스데반에게 "그 말이 사실이냐?" 하며 유대인들의 말이 사실인지를 물었어요. 물론 그것은 사실이 아니었어요.

스데반은 그들에게 예수님에 관해 설교하기 시작했어요. 그는 구약의 아브라함과 이삭, 요셉, 모세의 이야기를 했어요. 하나님은 누군가를 보내 사람들을 죄에서 구원할 계획을 갖고 계셨으며, 이스라엘 백성을 통해 놀라운 일을 하기 원하신다는 것을 알려 주었어요. 하나님은 이집트의 노예였던 그들을 구하셨어요. 하나님은 여호수아와 다윗, 솔로몬을 통해 계속 일하셨어요. 그들이 하나님께 순종하지 않고 하나님을 사랑하지 않았을 때도 하나님은 그들을 포기하지 않으셨지요.

스데반은 종교 지도자들에게 새로운 것도 가르쳤어요. 그는 예수님이 그리스도이시라고 말했어요. 그런데 종교 지도자들이 예수님을 반대하고 십자가에서 죽게 했다고 말했지요.

스데반의 말을 들은 유대인 지도자들은 화가 났어요! 그들은 스데반이 하는 말이 싫었어요. 스데반은 하늘을 바라보고 말했어요. "하늘이 열리고 인자이신 예수님이 하나님 오른편에 서 계신 것이 보입니다!"

그때 갑자기 사람들이 소리를 지르며 스데반에게 달려들었어요. 그들은 스데반을 성 밖으로 끌어내고 돌을 던져 죽게 했어요.

●● 예수님 생각하기

스데반은 예수님을 전하다가 죽임을 당했어요. 예수님은 제자들이 예수님을 사랑한다는 이유로 어려움을 당할 것이라고 말씀하셨어요(막 13:9~13; 요 16:2). 우리가 예수님을 사랑한다는 이유로 사람들이 우리를 미워할 때 우리는 용기를 내야 해요. 예수님도 고난을 당하셨지만, 죽으시고 부활하셨어요. 우리는 언젠가 예수님과 함께 영원히 살 거예요.

*모독하다 : 일이나 행동으로 더럽혀 욕되게 하다.

이야기 TIP

DVD

- **'구약성경 이야기' 그림 사용하기 :** '구약성경 이야기'(지도자용 팩)를 프린트해서 성경 이야기에 나오는 인물을 이야기할 때마다 해당 인물을 들어 보인다.
- **인물의 이름이 나올 때 반응하기 :** 성경 이야기의 주인공인 '스데반'이라는 이름이 나올 때마다 제자리에서 일어섰다 앉으라고 한다.
- **하나님의 마음 느껴 보기 :** 성경 이야기에서 하나님의 마음이 기뻤을 것 같으면 기쁜 표정을 짓게 하고, 하나님의 마음이 슬펐을 것 같으면 슬픈 표정을 짓게 한다.

싱글벙글 환영해요

DVD "성령의 능력으로"(지도자용 팩)를 튼다. 아이들을 반갑게 맞이하며 헌금과 기도를 도와준다. 예배 중 헌금 순서가 있다면 아이들이 헌금을 잘 간수하도록 돕는다. 가방과 외투를 정리하도록 안내한다. 새로 온 아이가 있다면 음수대와 화장실의 위치를 알려 주고, 보호자와 만나는 시간과 방법 등을 소개한다. 보호자들을 위한 안내문을 붙여 아이와 만나는 시간, 기다리는 장소, 헌금 방법, 아이에 대한 특별한 주의 사항을 교사에게 미리 알려 달라는 당부 등을 공지한다.

너랑 나랑 마음 열기

주제와 관련 있는 퍼즐이나 블록 등 아이들이 좋아하는 장난감을 몇 가지 비치해 두고 다양한 활동을 하며 예배를 준비하도록 돕는다. 아이들이 마음을 열고 오늘의 주제에 관심을 갖게 하며 예배에 집중할 수 있도록 도와준다. 교회 형편에 맞게 시간과 활동 방법을 조절한다.

'도전을 할까, 말까?' 결정해 보아요 *

❶ 아이들을 서로 마주볼 수 있도록 둥글게 앉힌 후 어떤 일을 하겠다고 도전하는 것은 용기가 필요한 일이라고 이야기해 준다. '용기'란 '옳은 일을 위해 무섭거나 어려운 일을 하기 원하는 것'이라고 설명한다.

❷ 아이들에게 인도자가 어떤 행동을 말하면, 용기 있게 '도전을 할까, 말까?'를 결정해 보라고 한다. '도전한다'의 경우 자리에서 일어서고, '도전하지 않는다'의 경우 자리에 앉아 있으면 된다는 게임의 규칙을 설명해 준다.

예) 강아지 돌보기, 새로운 음식 먹어 보기(편식하지 않기, 그동안 먹지 못했던 음식 먹어 보기), 새 친구와 함께 놀기, 병원에 가서 예방 주사 맞기, 밤에 불 다 끄고 자기, 잘못된 행동을 하는 친구에게 "안 돼"라고 말하기, 친구에게 예수님을 전하기 등.

인도자 많은 행동에 도전하겠다고 한 우리 친구들 정말 멋져요! 정말 잘 선택했어요. 우리가 어떤 일에 도전하게 하는 힘이 바로 '용기'인데, 용기를 내주어 고마워요. 성령님은 스데반을 용감하게 만드셨어요. 도대체 스데반에게 어떤 일이 있었는지 궁금하지요? 함께 들어 보아요.

크게 말해요! 조용히 말해요! *

❶ 인도자가 "하나, 둘, 셋!"을 외친 후 "크게!"라고 말하면 목소리를 최대한 크게 내서 떠들면 된다고 말해 준다.

❷ 인도자가 다시 "하나, 둘, 셋!"을 외친 후 "조용히!"라고 말하면 최대한 조용하게 있어야 한다고 알려 준다.

❸ "크게!"와 "조용히!"를 적절히 섞어서 활동한다. 연령대가 높은 경우 "크게!"와 "조용히!"를 외치는 속도를 빠르게 하다가 급격히 느리게 바꾸는 식으로 활동하면 좋다.

tip 날씨가 좋다면 야외에서 진행해 본다.

인도자 오늘의 성경 이야기에 나오는 스데반은 사람들에게 예수님에 관한 이야기를 들려주었어요. 그런데 그들은 예수님 이야기를 싫어했어요. 그래서 스데반이 이야기를 계속하지 못하도록 크게 소리를 지르며 방해했어요. 그때 스데반은 과연 어떻게 했을까요? 오늘의 성경 이야기를 잘 들어 보세요.

용기 있는 사람을 만나 보아요 *

❶ 교인들 중에 용기 있는 사람(소방관, 경찰관, 의사 등)을 초대한다.

tip 활동이 있기 약 2~3주 전에 부탁하고, 용기 있는 활동을 하는 데 사용하는 도구를 하나 가져와 아이들에게 소개해 줄 수 있는지 부탁드린다.

❷ 아이들에게 용기 있는 삶에 대해 나누는 시간을 갖는다.

tip 아이들이 이해할 수 있는 수준의 내용만을 나누어 달라고 사전에 부탁을 드린다.

❸ 아이들에게 질문할 기회를 주고, 서로 이야기를 주고받는 시간을 갖는다.

❹ 활동이 마무리되면 아이들을 모두 일으켜 세운 후 "용기 있는 일을 해 주셔서 감사합니다"라고 인사할 수 있도록 지도한다.

인도자 오늘의 성경 이야기는 스데반이라는 사람에 대한 이야기예요. 스데반은 오늘 우리가 만난 용기 있는 분처럼 매우 힘들고 위험한 일을 했어요. 스데반이 한 일이 무엇이었는지 이제 잘 들어 보세요.

예배 대형으로 모이기

- 카운트다운 영상, 모이기 노래 등을 활용해 예배 대형으로 바꾸고 마음을 준비하게 한다.
- 공간을 이동해야 한다면 인도자와 하이파이브를 하며 기도록 한다.

가스펠 설교

하나 — 들어가기

아이들에게 손으로 귀를 막아 보라고 이야기한다.

우리는 때때로 손으로 귀를 막아요. 언제 그렇게 하지요? 누군가의 말이 듣고 싶지 않을 때이지요! 오늘의 성경 이야기에 나오는 종교 지도자들은 스데반이 전하는 예수님에 관한 이야기가 듣기 싫어서 귀를 막았어요. 스데반의 말이 사실이었는데도 말이에요.

둘 — 성경 이야기

DVD 사도행전 6~7장을 편다. 설교 영상(지도자용 팩)을 보여 주거나 이야기 성경을 들려준다.

성경은 진리의 말씀이에요. 하나님은 성경을 통해 우리에게 하나님의 말씀을 주셨어요. 오늘의 성경 이야기는 신약성경의 '사도행전'에 나와요.

셋 — 메시지와 정리

스데반은 죽음을 두려워하지 않고 예수님을 전했어요. 사람들은 스데반에 대해 거짓말을 퍼뜨려서 그를 곤경에 빠뜨리고 싶어 했지요. 스데반은 종교 지도자들이 예수님에 대한 진실을 듣기 싫어할 것이라는 사실을 알았지만 용기를 내어 전했어요. 복음을 전하는 것이 그 무엇보다도 중요하다고 생각했기 때문이에요.

DVD 연대표(지도자용 팩)를 가리키면서 복습 질문을 한다.

1. 스데반에게 놀라운 일을 할 수 있는 용기와 능력을 주신 분은 누구신가요? 성령님(하나님)
2. 스데반이 종교 지도자들에게 말한 내용은 구약성경과 신약성경 중 어디에 나오나요? 구약성경
3. 스데반은 예수님에 관해 무엇이라고 말했나요? "예수님은 그리스도이시다. 그런데 종교 지도자들이 예수님을 반대하고 십자가에서 죽게 했다"
4. 종교 지도자들은 스데반이 하는 말을 듣고 기뻐했나요? 아니다, 싫어했다
5. 스데반은 누가 하나님의 오른편에 서 계신 것을 보았나요? 인자이신 예수님

넷 — 성경의 초점

“성령님은 어떤 일을 하시나요?”, “성령님은 예수님을 믿게 하시고 따르도록 도와주세요.” 예수님은 제자들이 예수님을 사랑한다는 이유로 어려움을 당할 것이라고 말씀하셨어요. 우리가 예수님을 사랑한다는 이유로 사람들이 우리를 미워할 때 성령님께 도와 달라고 할 수 있어요. 그러면 성령님이 우리에게 용기와 힘을 주신답니다.

다섯 — 복음 초청

성경과 48쪽 복음 초청 가이드를 이용해서 아이들에게 그리스도인이 되는 법을 설명해 준다. 따로 상담해 줄 사람을 정해 주고 궁금한 점이 있으면 물어보도록 격려한다.

이 시간 예수님을 믿고 마음에 모시고 싶은 친구는 함께 기도해요.

여섯 — 기도

하나님, 우리도 스데반처럼 용기 있게 다른 사람들에게 예수님을 전하는 사람이 되고 싶어요. 우리가 예수님을 사랑한다는 이유로 사람들이 우리를 미워할 때 우리에게 힘과 용기를 주시는 성령님을 기억하게 도와주세요. 예수님은 고난당하셨지만, 죽음을 이기고 부활하셔서 우리가 힘과 용기를 얻을 수 있게 되었어요. 우리에게 영원한 생명을 주신 예수님, 감사하고 사랑해요. 예수님의 이름으로 기도합니다. 아멘.

일곱 — 암송송

성경에서 빌립보서 2장 13절을 펴고 큰 소리로 여러 번 따라 읽게 한다.

우리는 가끔씩 하나님이 우리에게 너무 어려운 일을 맡기신다고 생각해요. 그러나 우리는 하나님이 우리를 도와주실 것을 알고 있지요. 하나님은 우리를 절대로 혼자 내버려 두지 않으세요. 하나님은 항상 우리 안에서 우리와 함께 계세요.

암송송(136쪽)에 맞추어 손유희를 하며 말씀을 익힌다.

“너희 안에서 행하시는 이는 하나님이시니 자기의 기쁘신 뜻을 위하여 너희에게 소원을 두고 행하게 하시나니”(빌 2:13).

알콩달콩 말씀 놀이

누구세요?

준비물 ▶ 유치부 교재 8쪽, 사인펜, 색연필

이야기 나누기

- 종교 지도자들이 스데반에게 화가 난 이유는 무엇인가요?
- 스데반은 죽을 수 있는 위험을 두려워하지 않고 무엇을 전했나요?
- 예수님을 전하고 싶은데 용기가 나지 않을 때 누가 우리를 도와주시나요?

❶ 아이들에게 스데반은 예수님을 전하다가 죽었는데, 성령으로 충만한 스데반은 죽기 전에 하늘에서 누군가를 보았다고 말해 준다.

❷ 숫자 1부터 10까지, 또 다시 1부터 10까지 순서대로 선을 잇고 색칠해 그림을 완성해 보고 하늘에 계신 분이 누구이신지 알아보자고 한다.

❸ 하늘에 계신 분이 예수님이시라고 이야기해 준다.

❹ 스데반이 예수님을 얼마나 사랑했는지, 그리고 성령님이 그를 어떻게 도우셨는지 함께 이야기를 나누어 본다.

인도자 이 그림은 오늘의 성경 이야기에 나오는 스데반이 보았던 모습과 비슷해요. **스데반은 죽음을 두려워하지 않고 예수님을 전했어요.** 그가 하늘을 우러러보자 예수님이 하나님 오른쪽에 서 계신 모습이 보였어요. 사람들은 스데반이 전하는 예수님 이야기가 듣기 싫어서 스데반을 돌로 쳤어요. 그때 스데반은 "예수님, 제 영혼을 받으세요. 이 죄를 저 사람들에게 돌리지 마세요"라는 말을 남기고 죽었어요. 예수님을 전하고 예수님을 따르는 일은 어려울 수 있어요. 하지만 우리도 스데반처럼 믿음으로 용기를 낼 수 있어요. 예수님도 고난을 당하셨지만, 결국 하나님의 구원 계획을 이루셨답니다.

식탁 매트 꾸미기 *

준비물 ▶ 유치부 교재 29쪽 '식탁 매트' 그림, 꾸미기 도구(색연필, 사인펜, 스티커 등), A4 용지, 사인펜, 투명 시트지(코팅 필름), 지도(지구본)

❶ 예수님을 믿는다는 이유로 위험한 일을 당하는 국가를 지도에서 찾아 아이들에게 알려 준다.

tip 북한, 소말리아, 아프가니스탄, 파키스탄, 수단, 시리아, 이라크, 이란, 예멘, 에리트레아 등. 유치부 교재 31쪽 참조.

❷ 유치부 교재 29쪽 '식탁 매트'를 떼어 ❶ 중에서 한 나라를 선택해 적당한 곳에 적으라고 한다.

❸ 꾸미기 도구를 이용해 예쁘게 장식하게 하고 투명 시트지를 붙여 준다.

tip 인도자가 해당 국가 이름을 A4 용지에 적어서 따라 쓸 수 있도록 지도한다. 국기 스티커를 준비해 꾸며도 좋다.

❹ 완성된 '식탁 매트'를 집으로 가져가 식탁 위에 올려두고 식사 시간마다 자신이 선택한 나라를 위해 기도하라고 격려한다.

인도자 **스데반은 죽음을 두려워하지 않고 예수님을 전했어요.** 이 세상에는 예수님을 믿는 많은 사람이 예수님을 믿는다는 이유로 어려움을 당하고 있어요. 그 나라의 사람들을 위해 함께 기도해요. 그리고 그들이 어려운 상황에서도 용기 있게 예수님을 전하고 예수님을 따를 수 있도록 기도해요. 성령님이 도와주셔서 언젠가 그들이 예수님과 함께 영원히 살게 될 것을 기억하게 해 달라고 기도해요.

성경 선생님이 되어 보아요 *

준비물 ▶ 145, 147쪽 '구약성경 이야기 카드'(또는 지도자용 팩), 가위, 성경

❶ 아이들에게 성경 이야기를 가르치는 선생님이 되어 보자고 말한다.

❷ 145, 147쪽 '구약성경 이야기 카드'를 미리 잘라 준비해 두고, 그중에서 하나를 골라 앞으로 나와 아이들에게 성경을 가르쳐 볼 텐데, 먼저 '구약성경 이야기 카드'를 공부하는 시간을 잠시 갖자고 한다.

예) • 하나님은 아브라함에게 아브라함을 통해 모든 사람이 축복을 받을 것이라고 말씀하셨어요.
• 하나님은 요셉을 통해 그의 가족과 많은 사람을 구하셨어요.
• 하나님은 모세를 통해 하나님의 백성을 구하셨어요.
• 하나님은 여호수아와 이스라엘 백성이 약속의 땅에 들어가도록 도와주셨어요.
• 하나님은 예수님이 다윗의 자손으로 오실 것이라고 약속하셨어요.
• 하나님은 솔로몬이 예루살렘에 성전을 지을 수 있도록 허락하셨어요.

❸ 인도자가 먼저 가르치는 모습을 보이고 아이들이 따라 할 수 있도록 지도한다.

❹ 모든 아이가 성경 선생님이 될 때까지 활동을 반복한다.

인도자 스데반은 종교 지도자들에게 구약성경의 이야기만 한 것이 아니라 새로운 것도 가르쳤어요. **스데반은 죽음을 두려워하지 않고 예수님을 전했어요.** 스데반은 예수님이 그리스도이시라고 말했고, 종교 지도자들이 예수님을 미워하고 십자가에서 죽게 했다고 말했어요. 하지만 놀라운 사실은 예수님이 죽으시고 부활하셨다는 거예요. 우리는 언젠가 예수님과 함께 영원히 살 거예요.

똑같은 카드를 찾아요 *

준비물 ▶ 145, 147쪽 '구약 성경 이야기 카드'(또는 지도자용 팩), 가위, 두꺼운 종이

❶ 145, 147쪽 '구약성경 이야기 카드'(또는 지도자용 팩)를 잘라 한 세트만 그림이 보이도록 격자무늬로 펼쳐 둔다.

❷ 아이들에게 '구약성경 이야기 카드'를 하나하나 주의 깊게 살펴보라고 한 뒤 차례로 설명해 준다.

❸ 카드를 모아 남은 한 세트와 섞는다. 책상 위에 카드를 뒤집어서 격자무늬로 펼쳐 둔다.

❹ 한 명씩 차례대로 카드 2장을 뽑으라고 한 후 뒤집어서 똑같은 카드인지 확인해 본다. 똑같은 카드이면 인도자에게 카드를 주고, 다른 경우 놓여 있던 자리에 뒤집어서 놓아두라고 한다. 모든 카드를 맞출 때까지 활동을 반복한다.

tip 두꺼운 종이에 컬러 프린트해서 사용하면 좋다. 연령대가 낮은 경우 그림이 보이도록 펼쳐 놓고 활동한다.

인도자 스데반은 종교 지도자들에게 구약의 이야기에서 시작해서 예수님에 관한 이야기를 가르쳤어요. 그들은 이야기를 듣기 싫어했지만 **스데반은 죽음을 두려워하지 않고 예수님을 전했어요.** 우리가 예수님을 사랑한다는 이유로 사람들이 우리를 미워할 때 우리는 용기를 내야 해요. 아무 죄가 없으신 예수님도 고난을 당하고 죽으셨지만, 부활하셨어요. 우리는 언젠가 예수님과 함께 영원히 살 거예요.

소곤소곤 꿀~꺽 간식

준비물 ▶ 아이들이 잘 모르는 외국 과일이나 간식(말린 코코넛이나 망고, 브라질너트, 리치, 대추야자 등), 접시

❶ 카운트다운 영상, 정리하기 노래 등을 활용해 활동이 끝났음을 알린다. 아이들에게 주변을 정리하게 하고, 화장실에 가거나 물티슈 등을 이용해 손을 씻을 시간을 준다.

❷ 감사 기도를 드리고 아이들이 잘 모르는 외국 과일이나 간식을 나누어 준다. 아이들이 간식을 먹는 동안 각각의 간식이 어느 나라에서 생산되는지를 말해 준다. 각각의 나라에서 위험을 무릅쓰고 복음을 전하는 선교사님들을 위해서 기도하자고 말한다. 스데반이 죽음을 두려워하지 않고 사람들에게 예수님을 전한 것처럼 선교사님들에게 용기를 달라고 기도한다.

❸ 간식을 먹은 후 마무리 정리를 잘하도록 지도한다.

오순도순 마무리

준비물 ▶ 유치부 교재 35쪽 메시지 카드, 소그룹 활동지, 파일

❶ 이번 주 메시지 카드로 부모님과 함께 오늘 배운 성경 이야기를 나누어 보라고 한다.

가족과 활동해요

• 가족이 다 함께 모여 스데반의 설교가 기록된 사도행전 7장 2~53절을 읽어 보세요. 관련된 구약성경 이야기를 찾아서 읽어 보세요.

❷ 나만의 기록장에 기록할 내용을 소개하고, 소그룹 활동지를 떼어 파일에 끼운 뒤 가방에 정리하게 한다.

❸ 아이들을 위해 기도한다.

인도자 하나님, 예수님은 우리가 예수님을 사랑한다는 이유로 다른 사람들이 우리를 위험에 빠뜨릴 수 있다고 말씀하셨어요. 우리가 두려울 때마다 예수님이 우리를 죄에서 구원하기 위해 고난받으셨다는 사실을 기억하게 해 주세요. 그리고 예수님이 죽으시고 다시 살아나셨다는 것도요! 우리에게 용기를 주세요. 예수님의 이름으로 기도합니다. 아멘.

❹ 아이를 데리러 온 부모에게 아이가 특별히 즐거워했거나 잘했던 활동들에 대해 이야기해 주고, 가정에서 성경 읽기와 가족 활동을 진행할 수 있도록 격려한다.

나만의 기록장

하나님 오른쪽에 서서 나를 바라보시는 예수님 그리기

가스펠 프로젝트

복음 초청 가이드

나를 위한 하나님의 멋진 계획

'복음'이라는 말을 들어 본 적 있니? 복음이란 '좋은 소식'이라는 뜻이야. 우리에게 보내신 하나님의 좋은 소식이 무엇일까?

하나님은 세상을 만드셨단다

하나님이 세상을 만드시고, 사람을 만드셨어. 그리고 사랑하셨지.
(창 1:1; 골 1:16~17; 계 4:11)

사람들은 죄를 짓고 하나님을 떠났어

그런데 사람들이 죄를 지어서 하나님과 함께 살 수 없게 되었어.
결국 죽을 수밖에 없게 되었지.
(롬 3:23, 6:23)

하나님은 구원 계획을 갖고 계시단다

하나님은 우리를 사랑하셔서 우리가 하나님과 함께 살기 원하셨어.
그래서 우리(너)를 위한 놀라운 계획을 세우셨단다.
(요 3:16; 엡 2:8~9)

예수님이 우리에게 생명을 주셨어

하나님은 아들 예수님을 보내셨고, 예수님은 우리 죄를 대신해 십자가에서 죽으시고, 3일 만에 다시 살아나셨어. 우리에게 영원한 생명을 주시고 하나님과 함께 살 수 있는 길을 열어 주신 거야.
(롬 5:8; 고후 5:21; 벧전 3:18)

예수님! 우리의 마음에 오세요!

예수님을 믿고 마음에 받아들이면 하나님의 자녀가 된단다.
이것이 가장 좋은 소식, 복된 소식, 복음이란다.
(요 1:12~13; 롬 10:9~10, 13)

예수님을 영접하기 원하는 어린이가 있다면 개인적으로 상담하고 영접 기도를 할 수 있도록 도와주세요.

예수님이 ○○를 사랑하시는 것을 믿겠니?
예수님이 ○○의 죄를 씻어 주신 것을 믿겠니?
예수님을 ○○의 마음에 받아들이겠니?

믿음을 고백하고 예수님을 영접히기 원하는 어린이를 위해 간절히 기도해 주세요.

이제 ○○는 하나님의 자녀(아들, 딸)가 되었어!
이것이 예수님을 통해 ○○에게 이루어 주신 하나님의 계획이야!
○○야, 하나님의 자녀(아들, 딸) 된 것을 축하해!

4

에티오피아 관리가 예수님을 믿었어요

(행 8:26~40)

주제 빌립은 성령님의 인도하심을 따라 에티오피아 관리에게 예수님을 전했어요.

예수님 생각하기 에티오피아 관리는 성경을 읽었지만 이사야 선지자가 말하는 사람이 예수님이시라는 사실을 이해하지 못했어요. 성령님은 빌립을 그에게 인도하셨고, 빌립을 통해 예수님에 대한 복음을 전해 주셨어요. 예수님은 구약의 선지자들이 말했듯이, 우리를 죄에서 구원하려고 십자가에서 죽으시고 부활하셨어요.

단원 암송 빌 2:13

성경의 초점 성령님은 어떤 일을 하시나요?
성령님은 예수님을 믿게 하시고 따르도록 도와주세요.

본문 속으로

초대교회 성도들은 심한 박해를 받았습니다. 스데반이 죽은 후 예루살렘에 있던 성도들은 여러 곳으로 흩어지게 되었습니다. 하지만 계속해서 예수님을 전하고 복음을 전했습니다. 그중 빌립은 사마리아로 내려가 복음을 전했습니다. 그곳 사람들은 빌립이 전하는 복음을 듣고 믿었으며, 큰 기쁨을 누렸습니다.

오늘의 성경 이야기에서는 주님의 천사가 빌립에게 나타나 광야에 있는 어느 길로 가라고 지시합니다.

빌립은 순종했고, 성령님은 그를 어느 마차로 이끄셨습니다. 마차 안에는 한 에티오피아 관리가 이사야 선지자의 글을 읽고 있었습니다. 하지만 그는 자신이 읽고 있는 말씀을 이해하지 못했습니다. 이 모습을 본 빌립이 그 내용을 설명해 주었습니다.

관리는 이사야의 글을 읽었습니다. "그가 도살자에게로 가는 양과 같이 끌려갔고 … 그가 굴욕을 당했을 때 공정한 재판도 받지 못하였으니 … 그의 생명이 땅에서 빼앗김이로다"(행 8:32~33). 그는 이 구절이 이사야 자신에 관해 말하는 것인지 아니면 다른 사람에 관해 말하는 것인지 궁금했습니다. 빌립은 이사야의 글은 이사야 자신에 관한 것이 아니라고 설명해 주었습니다. 그리스도이신 예수님에 관한 것이었습니다! 에티오피아 관리는 예수님을 믿고 세례(침례)를 받았습니다.

●● 티칭 포인트

빌립과 에티오피아 관리 사이에서 성령님이 어떤 역할을 하셨는지 아이들이 생각해 보게 하십시오. 누가 빌립을 광야로 인도했는지, 누가 빌립이 관리에게 성경을 설명하도록 도왔는지, 누가 관리의 마음을 바꿔 예수님을 믿도록 했는지 질문하십시오. 에티오피아 관리와 헤어져 가이사랴로 가던 빌립은 도중에 여러 마을에 들러 계속해서 복음을 전했습니다.

예수님을 믿는 자들은 제자를 만드는 사역에서 주님의 손에 기꺼이 사용되는 도구가 되어야 합니다.

빌립은 누군가 예수님을 믿게 만들려고 스스로 광야로 간 것이 아니었습니다. 성령님이 빌립을 인도하셨고, 그는 순종했습니다. 성도인 우리는 성령님의 인도하심을 받고 기꺼이 따라갈 수 있습니다. 성령님은 우리와 함께하십니다.

이야기 성경

에티오피아 관리가 예수님을 믿었어요

행 8:26~40

빌립은 사람들에게 예수님을 전하기 위해 예수님이 보내신 사람들 중 한 명이었어요. 어느 날 천사가 나타나 빌립에게 광야로 가라고 말했어요. 빌립은 순종했어요. 빌립은 길을 가다가 에티오피아 관리를 만났어요. 그는 에티오피아 여왕을 위해 중요한 일을 하는 사람이었지요. 마차에 앉아 성경을 읽고 있었어요.

성령님이 빌립을 그 관리에게로 인도하셨어요. 빌립은 그에게 다가가 "지금 읽고 있는 글이 무슨 뜻인지 아시겠어요?"라고 물었어요. 그러자 그는 "누군가 가르쳐 주면 좋겠습니다"라고 말했어요.

에티오피아 관리는 빌립에게 마차에 오르라고 청했어요. 빌립은 그의 곁에 앉았어요. 그 관리는 이사야의 글을 읽고 있었어요. "그는 죽으러 가는 양처럼 끌려갔고 털 깎는 사람 앞에서 잠잠한 어린양처럼 그의 입을 열지 않았다. 그는 올바른 재판을 받지 못했으며, 이 땅에서 그의 생명을 빼앗겼도다." 그 관리는 "이사야가 자신의 이야기를 한 것입니까, 아니면 다른 사람의 이야기인가요?"라고 물었어요. 이사야가 그리스도를 말한 것이기 때문에, 빌립은 그에게 예수님에 관한 복음을 전했어요.

그들은 길을 가다가 물이 있는 곳에 이르렀어요. 에티오피아 관리는 마차를 멈추고 세례를 받기 원했어요. 예수님을 믿게 되었거든요. 빌립은 그에게 세례를 베풀었어요. 그 관리는 행복하게 집으로 돌아갔어요.

●● 예수님 생각하기

에티오피아 관리는 성경을 읽었지만 이사야 선지자가 말하는 사람이 예수님이시라는 사실을 이해하지 못했어요. 성령님은 빌립을 그에게 인도하셨고, 빌립을 통해 예수님에 대한 복음을 전해 주셨어요. 예수님은 구약의 선지자들이 말했듯이, 우리를 죄에서 구원하려고 십자가에서 죽으시고 부활하셨어요.

이야기 TIP

- **빌립과 함께 여행하기 :** 광야의 길을 나타내는 갈색 또는 노란색 천을 준비한다. 큰 하드보드지를 잘라 마차처럼 보이게 한다. 파란색 천을 준비해 물을 표현한다. 준비한 물건들을 예배실 곳곳에 놓아둔다. 성경 이야기를 들려줄 때 아이들이 해당되는 공간으로 이동하도록 한다.
- **팬터마임 사용하기 :** 성경 이야기를 들려주는 동안 2명의 남자 손님을 초대해서 성경 이야기를 팬터마임으로 표현하게 한다.
- **성경 찾기 :** 에티오피아 관리가 읽고 있었던 성경 본문인 이사야 53장 7~8절을 찾아서 큰 소리로 읽어 본다.
- **마차에 타기 :** 책상을 여러 개 놓고 마차로 꾸민 후 '에티오피아 관리' 역할을 맡은 아이를 앉힌다. '에티오피아 관리'에게 그림 성경을 준다. 또 다른 아이에게 '빌립' 역할을 맡긴다. '에티오피아 관리'에게 '빌립'을 불러 마차에 태우고 함께 그림 성경을 읽으라고 한다.

가스펠 준비

싱글벙글 환영해요

DVD "성령의 능력으로"(지도자용 팩)를 튼다. 아이들을 반갑게 맞이하며 헌금과 기도를 도와준다. 예배 중 헌금 순서가 있다면 아이들이 헌금을 잘 챙기도록 돕는다. 가방과 외투를 정리하도록 안내한다. 새로 온 아이가 있다면 음수대와 화장실의 위치를 알려 주고, 보호자와 만나는 시간과 방법 등을 소개한다. 보호자들을 위한 안내문을 붙여 아이와 만나는 시간, 기다리는 장소, 헌금 방법, 아이에 대한 특별한 주의 사항을 교사에게 미리 알려달라는 당부 등을 공지한다.

너랑 나랑 마음 열기

주제와 관련 있는 퍼즐이나 블록 등 아이들이 좋아하는 장난감을 몇 가지 비치해 두고 다양한 활동을 하며 예배를 준비하도록 돕는다. 아이들이 마음을 열고 오늘의 주제에 관심을 갖게 하며 예배에 집중할 수 있도록 도와준다. 교회 형편에 맞게 시간과 활동 방법을 조절한다.

성경 퍼즐을 맞춰요 *

DVD 준비물 ▶ '성경 퍼즐' 그림(지도자용 팩), 두꺼운 종이, 가위

❶ 두꺼운 종이에 '성경 퍼즐' 그림(지도자용 팩)을 프린트한 후 퍼즐 모양을 따라 잘라 둔다.

❷ 아이들에게 '성경 퍼즐'을 한 세트씩 나누어 준 후 맞춰 보라고 한다.

❸ 완성된 '성경 퍼즐'에 어떤 내용이 들어 있는지 이야기를 나누어 본다.

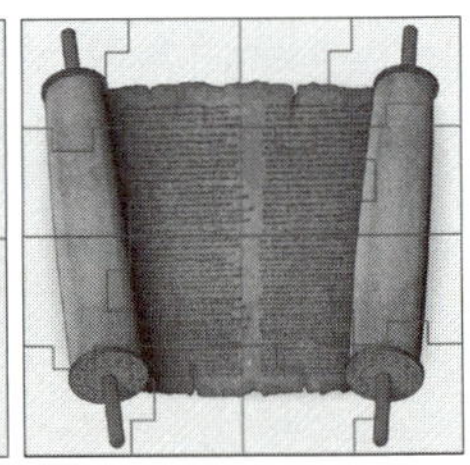

tip 연령대가 높은 경우 다양한 성경 이야기가 그려진 퍼즐 조각들을 한데 섞어 둔 후 퍼즐을 맞추게 해 난이도를 높이면 좋다.

인도자 성경 퍼즐을 잘 맞추었어요. 성경의 겉표지는 그림이나 크기, 모양이 다양하지만 성경을 펼쳐 보면 모두 하나님의 말씀이 담겨 있답니다. 오늘의 성경 이야기에서 에티오피아 관리는 예수님에 관해 이야기하는 이사야 선지자의 글을 읽고 있었어요. 그는 성경을 읽었지만 선지자가 말하는 사람이 예수님이시라는 것은 이해하지 못했어요. **빌립은 성령님의 인도하심을 따라 에티오피아 관리에게 예수님을 전했어요.**

예수님은 구약의 선지자들이 말했듯이, 우리를 죄에서 구원하려고 십자가에서 죽으시고 부활하셨어요.

소중한 마음으로 성경을 전달해요 *

준비물 ▶ 성경책, 찬양 음원, 음원을 재생할 수 있는 도구(CD플레이어, 스마트폰 등)

❶ 아이들을 서로 마주볼 수 있도록 둥글게 앉힌다.

❷ 한 아이에게 성경책을 건네주면서, 찬양이 나오는 동안 오른쪽에 앉은 친구에게 소중한 마음으로 성경책을 전달하라고 한다.

❸ 인도자가 중간에 찬양을 멈춘 순간, 성경책을 갖고 있는 아이가 1단원의 '성경의 초점' 질문(**"성령님은 어떤 일을 하시나요?"**)을 말하면 나머지 아이들이 답(**"성령님은 예수님을 믿게 하시고 따르도록 도와주세요"**)을 말하면 된다는 게임의 규칙을 설명해 준다.

❹ 활동을 여러 번 반복한다

인도자 1단원의 '성경의 초점'을 잘 말해 주었어요. **성령님은 어떤 일을 하시나요? 성령님은 예수님을 믿게 하시고 따르도록 도와주세요.** 오늘의 성경 이야기에서 성령님은 놀라운 일을 하셨어요. 성령님은 예수님의 제자 빌립을 성경을 읽고 있는 한 사람에게로 인도하셨어요. 어떻게 성령님이 빌립을 통해 그에게 복음을 전하셨는지 궁금하네요. 다 함께 들어 보아요.

모래에 그림을 그려요 *

준비물 ▶ 깨끗한 놀이용 모래, 1리터 용량의 지퍼백, 투명 박스 테이프

❶ 1리터 용량의 지퍼백에 놀이용 모래를 3분의 1 정도 채운 후 잠그고, 또 다른 지퍼백에 넣고 잠근 후 입구를 투명 박스 테이프로 봉한다.

❷ 아이들에게 ❶을 하나씩 나누어 주고 모래에 손자국, 발자국을 내거나 그림을 그리거나 글씨를 써 보게 한다.

인도자 우리는 바닷가나 사막에서 모래를 볼 수 있어요. 오늘의 성경 이야기에서 성령님은 빌립을 광야로 인도하셨어요. 광야도 사막처럼 나무나 풀이 자라기 어려운 곳이에요. 오늘의 성경 이야기를 잘 듣고 성령님이 그 광야에서 어떤 일을 하셨는지 알아 보아요.

예배 대형으로 모이기

- 카운트다운 영상, 모이기 노래 등을 활용해 예배 대형으로 바꾸고 마음을 준비하게 한다.
- 공간을 이동해야 한다면 아이들이 둘씩 짝을 지어 가도록 한다.

가스펠 설교

하나 — 들어가기

성경에서 이사야 53장 7~8절을 펴서 큰 소리로 읽는다.

여러분은 이 말씀이 무슨 뜻인지 알고 있나요? 오늘의 성경 이야기에서 한 사람이 이 말씀을 읽고 있었어요. 그는 이 말씀이 무슨 뜻인지는 알지 못했지요. 그래서 성령님이 누군가를 보내어 그를 도와주셨어요.

둘 — 성경 이야기

DVD 사도행전 8장을 편다. 설교 영상(지도자용 팩)을 보여 주거나 이야기 성경을 들려준다.

성경은 우리에게 주어진 가장 놀라운 책이에요. 하나님의 말씀이 들어 있는 하나뿐인 책이기 때문이지요. 하나님의 말씀은 진리예요. 오늘의 성경 이야기는 신약성경의 '사도행전'에 나와요.

셋 — 메시지와 정리

정말 놀라운 이야기예요! 성령님은 빌립을 예수님에 대한 글을 읽고 있던 한 사람에게로 인도하셨어요. 그는 그 글을 이해하지 못했어요. **빌립은 성령님의 인도하심을 따라 에티오피아 관리에게 예수님을 전했어요**. 성령님이 에티오피아 관리가 예수님에 대한 말씀을 믿을 수 있도록 도와주신 거예요. 그는 예수님의 제자가 되었어요.

DVD 연대표(지도자용 팩)를 가리키면서 복습 질문을 한다.

1. 빌립은 광야에서 누구를 만났나요? 에티오피아 관리
2. 빌립을 그 사람에게 인도하신 분은 누구신가요? 성령님
3. 그는 누구에 대한 글을 읽고 있었나요? 그리스도이신 예수님
4. 빌립은 그에게 무엇을 가르쳤나요? 예수님에 대한 복음
5. 그는 예수님에 대한 복음을 믿게 된 사실을 보여 주기 위해 어떻게 했나요? 세례를 받았다

넷 — 성경의 초점

“성령님은 어떤 일을 하시나요?”, “성령님은 예수님을 믿게 하시고 따르도록 도와주세요.” 에티오피아 관리는 성경을 읽었지만 이사야 선지자가 말하는 사람이 예수님이시라는 사실을 이해하지 못했어요. 성령님은 빌립을 그에게 인도하셨고, 빌립을 통해 예수님에 대한 복음을 전해 주셨어요. 예수님은 구약의 선지자들이 말했듯이, 우리를 죄에서 구원하려고 십자가에서 죽으시고 부활하셨어요.

다섯 — 복음 초청

성경과 48쪽 복음 초청 가이드를 이용해서 아이들에게 그리스도인이 되는 법을 설명해 준다. 따로 상담해 줄 사람을 정해 주고 궁금한 점이 있으면 물어보도록 격려한다.

이 시간 예수님을 믿고 마음에 모시고 싶은 친구는 함께 기도해요.

여섯 — 기도

빌립을 인도하신 성령님, 우리도 인도해 주세요. 성령님이 우리를 인도하실 때 빌립처럼 순종하게 해 주세요. 우리가 성경을 읽을 때 예수님에 관한 이야기라는 것을 알게 도와주셔서 감사해요. 항상 우리를 도와주시는 성령님, 감사해요. 예수님의 이름으로 기도합니다. 아멘.

일곱 — 암송송

성경에서 빌립보서 2장 13절을 펴고 큰 소리로 여러 번 따라 읽게 한다.

1단원 암송 구절은 우리에게 하나님이 하시는 모든 일이 하나님의 선한 계획을 따라 우리를 통해 이루어진다는 사실을 알려 주어요. 하나님은 우리가 다른 사람에게도 복음을 전하기 원하세요.

암송송(136쪽)에 맞추어 손유희를 하며 말씀을 익힌다.

“너희 안에서 행하시는 이는 하나님이시니 자기의 기쁘신 뜻을 위하여 너희에게 소원을 두고 행하게 하시나니”(빌 2:13).

알콩달콩 말씀 놀이

앞으로, 앞으로!

준비물 ▶ 유치부교재 10쪽, 31쪽 '빌립', '에티오피아 관리' 말, 41쪽 '복음의 땅' 스티커

이야기 나누기
- 빌립은 왜 광야로 갔나요?
- 에티오피아 관리는 무슨 책을 읽고 있었나요?
- 나에게도 빌립처럼 예수님을 전해 주고 싶은 사람이 있나요?

❶ 둘씩 짝을 짓게 한다.

❷ 유치부 교재 31쪽 '빌립', '에티오피아 관리' 말을 떼어 접는 선대로 접어 말을 만든 후 하나씩 나누어 가지고 각각의 출발선에 세우게 한다.

❸ 가위바위보를 하고, 이긴 사람의 말을 1칸씩 앞으로 움직이고, 비겼을 경우에는 두 사람의 말을 모두 1칸씩 움직이며, '보너스' 칸과 '복음의 땅'에 도착하면 마음대로 1~3칸을 움직일 수 있다는 게임의 규칙을 설명해 준다.

❹ 가위바위보를 계속하고 두 말이 서로 만나면 빌립과 에티오피아 관리의 대화를 나누어 보게 한다.

tip 아이가 어려워하면 다음 문장을 읽어 주고 따라 말할 수 있게 도와준다.

예) • 에티오피아 관리 : "성경을 가르쳐 주세요."
• 빌립 : "그분이 예수님이세요. 우리를 구원하신 그리스도세요."

❺ 빌립과 에티오피아 관리가 만난 자리에 유치부 교재 41쪽 '복음의 땅' 스티커를 붙이고 '출발'로 돌아가 시간 여건에 맞게 게임을 반복한다.

인도자 성령님은 복음이 필요한 에티오피아 관리에게 빌립을 보내셨어요. 에티오피아 관리는 성경을 읽었지만 이사야 선지자가 말하는 사람이 예수님이시라는 사실을 이해하지 못했어요. **빌립은 성령님의 인도하심을 따라 에티오피아 관리에게 예수님을 전했어요.** 예수님은 구약의 선지자들이 말했듯이, 우리를 죄에서 구원하려고 십자가에서 죽으시고 부활하셨어요.

에티오피아를 찾아 보아요 *

준비물 ▶ 138쪽 세계 지도(또는 지도자용 팩)

❶ 아이들과 함께 세계 지도를 살펴보면서 우리나라와 에티오피아를 찾아 스티커와 색연필 등으로 표시한다.

❷ 에티오피아가 우리나라에서 얼마나 먼 곳에 있는지를 확인시켜 준다.

❸ 성경의 배경이 되는 이스라엘의 위치를 알려 주고, 아이들이 알 만한 여러 나라들을 다 같이 찾아 본다.

인도자 오늘의 성경 이야기에 나온 사람은 이스라엘 사람이 아닌 에티오피아라는 나라에서 온 관리였어요. **빌립은 성령님의 인도하심을 따라 에티오피아 관리에게 예수님을 전했어요.** 성령님은 빌립을 그에게 인도하셨고, 빌립을 통해 예수님에 대한 복음을 전해 주셨어요. 하나님은 오래전부터 에티오피아와 같이 멀리 있는 나라나 우리나라, 세계에 있는 모든 나라에 복음이 전해지기를 원하셨어요. 세상 모든 나라에 예수님에 대한 복음이 전해지게 해 달라고 함께 기도해요.

종이 상자로 마차를 만들어요 *

준비물 ▶ 큰 종이 상자, 칼, 가위, 매직펜, 박스 테이프, 성경

❶ 큰 종이 상자의 위쪽을 가위로 잘라 내고, 잘라 낸 면을 동그랗게 잘라 '마차 바퀴' 4개를 만든다. 매직펜을 이용해 '마차 바퀴' 모양을 그린다.

❷ 박스 테이프를 둥글게 말아 '마차 바퀴' 뒷면에 붙이고 큰 종이 상자 옆면에 고정해 '마차'를 완성한다.

❸ 아이들에게 오늘의 성경 이야기를 내용으로 역할 놀이를 해 보자고 한다.

❹ 자원하는 아이 2명을 '마차' 앞에 세운 후 한 아이에게는 '에티오피아 관리'의 역할을, 또 한 아이에게는 '빌립'의 역할을 맡긴다.

❺ '에티오피아 관리'가 마차에 타서 성경을 읽으면서 궁금한 표정을 짓고 있으면, '빌립'이 '마차'에 올라타서 "이

말씀은 예수님에 관한 이야기예요"라고 설명해 주면 된다고 이야기한다.

❻ 자원하는 아이들을 대상으로 활동을 여러 번 반복한다.

인도자 에티오피아에서 온 관리는 예수님에 관해 이야기하는 이사야 선지자의 글을 읽었어요. 그는 성경을 읽었지만 이사야 선지자가 말하는 사람이 예수님이시라는 사실을 이해하지 못했어요. **빌립은 성령님의 인도하심을 따라 에티오피아 관리에게 예수님을 전했어요.** 성령님은 빌립을 그에게 인도하셨고, 빌립을 통해 예수님에 대한 복음을 전해 주셨어요. 예수님은 구약의 선지자들이 말했듯이, 우리를 죄에서 구원하려고 십자가에서 죽으시고 부활하셨어요.

옥수수 가루와 밀가루로 놀아요 *

준비물 ▶ 큰 플라스틱 통, 밀가루 8컵, 옥수수 가루 8컵, 식용유 1컵, 콘 시럽 1컵, 바퀴 달린 장난감(자동차, 자전거, 오토바이, 마차 등), 종이컵, 찍기 도구

❶ 큰 플라스틱 통에 밀가루 8컵과 옥수수 가루 8컵을 넣고 섞은 후 식용유 1컵과 콘 시럽 1컵을 넣는다.

❷ 아이들이 직접 손으로 만지면서 재료를 섞고 단단하게 반죽해 놀이용 모래를 만들게 한다. 반죽이 너무 되면 식용유를 더 넣고 다시 반죽하게 한다.

tip 놀이용 모래로 대체할 수 있다.

❸ 오늘의 성경 이야기에는 모래가 많은 사막 같은 광야가 나왔다고 말하면서, 아이들에게 손과 종이컵, 찍기 도구를 이용해 모래 놀이를 해 보라고 한다.

❹ 에티오피아 관리의 마차 대신 바퀴 달린 장난감을 이용해 오늘의 성경 이야기를 생각하며 놀이할 수 있도록 지도한다.

인도자 사막은 모래가 많은 곳이에요. 천사가 나타나 빌립에게 광야, 즉 사막으로 가라고 했을 때 빌립은 순종했어요. 그리고 성령님은 빌립을 에티오피아 관리에게로 인도하셨어요. **빌립은 성령님의 인도하심을 따라 에티오피아 관리에게 예수님을 전했어요.** 예수님은 구약의 선지자들이 말했듯이, 우리를 죄에서 구원하려고 십자가에서 죽으시고 부활하셨어요.

소곤소곤 꿀~꺽 간식

준비물 ▶ 납작한 빵, 접시

❶ 카운트다운 영상, 정리하기 노래 등을 활용해 활동이 끝났음을 알린다. 아이들에게 주변을 정리하게 하고, 화장실에 가거나 물티슈 등을 이용해 손을 씻을 시간을 준다.

❷ 감사 기도를 드리고 납작한 빵을 간식으로 나누어 준다. 아이들에게 에티오피아 사람들은 '은저라'라고 하는 납작한 스펀지 빵을 먹는다고 말해 준다. 아이들에게 빌립이 에티오피아 관리에게 예수님을 전했다고 말해 준다.

❸ 간식을 먹은 후 마무리 정리를 잘하도록 지도한다.

오순도순 마무리

준비물 ▶ 유치부 교재 37쪽 메시지 카드, 소그룹 활동지, 파일

❶ 이번 주 메시지 카드로 부모님과 함께 오늘 배운 성경 이야기를 나누어 보라고 한다.

가족과 활동해요

• 성경을 배포하는 단체를 후원하는 모금 운동을 펼쳐 보세요. 집안일을 도와 받은 용돈을 모으거나 가족 외식을 줄여서 돈을 모아 후원해도 좋아요.

❷ 나만의 기록장에 기록할 내용을 소개하고, 소그룹 활동지를 떼어 파일에 끼운 뒤 가방에 정리하게 한다.

❸ 아이들을 위해 기도한다.

인도자 하나님, 성령님을 보내 주셔서 감사해요. 우리가 하나님의 일을 할 수 있도록 성령님을 통해 도와주셔서 감사해요. 우리가 예수님에 대한 복음을 많은 친구에게 전할 수 있도록 도와주세요. 예수님은 구약의 선지자들이 말했듯이, 우리를 죄에서 구원하기 위해 십자가에서 죽으시고 부활하셨어요. 예수님, 정말 감사해요. 예수님의 이름으로 기도합니다. 아멘.

❹ 아이를 데리러 온 부모에게 아이가 특별히 즐거워했거나 잘했던 활동들에 대해 이야기해 주고, 가정에서 성경 읽기와 가족 활동을 진행할 수 있도록 격려한다.

나만의 기록장

하나님에 대해 궁금한 내용 그리기

아이들과 함께하는 말씀 암송 시간

성경은 말씀 암송이야말로 하나님의 말씀을 우리 마음에 새겨 넣어 하나님의 뜻대로 우리를 변화시키고 성장할 수 있게 만드는 가장 효과적인 방법이라고 말합니다(시 119:104~105 참조).

우리는 아이들이 성경 말씀을 암송하며, 암송을 일상의 습관으로 삼고, 살면서 여러 차례 말씀을 되뇌기를 바랍니다. 말씀 속에 담긴 의미를 이해하게 되고, 그 말씀이 실제 삶 속에 적용되는 것을 보며, 또 그 말씀의 진리를 반복적으로 접하면 아이들은 그 말씀을 자기 마음속에 '보물'로 삼게 될 것입니다.

성경 말씀을 암송하는 것은 '그 말씀을 말하는 것' 이상의 의미를 가집니다. 다음에 제안하는 내용을 참고하십시오.

- 어려운 단어나 추상적인 말씀의 뜻을 설명하고 반복해서 되새겨 줄 때 그 말씀이 아이들의 마음에 남을 것입니다.
- 아이들은 새로운 것을 바로 습득하기보다는 점진적으로 받아들입니다. 일반적으로 어릴수록 새로 배운 말씀을 자기 삶에 적용하는 것은 쉽지 않은 일입니다. 또한 많은 말씀을 소화하기도 어렵습니다. 자신의 삶에 적용할 수 있는 말씀의 숫자도 많지 않습니다.
- 아이들의 능력에는 차이가 있습니다. 어떤 아이들은 더 빨리 말씀을 암송하고 그 의미를 깨달을 수 있습니다.
- 다양한 교육 방법을 사용해 참여를 독려하면 아이들은 배우는 데에 더 큰 흥미를 느끼게 됩니다.
- 암송 구절을 노래로 부르거나, 내용을 연기로 표현하거나 혹은 말씀에 상응하는 이미지들을 찾아보십시오. 각 연령에 맞게 적절한 활동을 하게 되면 아이들의 학습 효과는 증대됩니다.

아이들에게 성경 말씀을 가르치는 것은 그들의 신앙 교육에 매우 중요한 자리를 차지합니다. 여러분의 교회에서는 말씀 암송을 격려하기 위해 어떤 노력을 기울이고 있습니까?

빌 에미엇(Bill Emeott)은 라이프웨이키즈(LifeWay Kids)에서 사역전문가로 섬기고 있습니다. 머서대학교(Mercer University)와 뉴올리언즈침례신학대학원(New Orleans Baptist Theological Seminary)을 졸업하고 어린이 사역자로 섬겼으며, 현재는 초등학교 2학년 아이에게 성경을 가르치고 있습니다.

5

베드로와 고넬료가 만났어요

[행 10장]

주제	베드로는 복음이 모든 사람을 위한 것임을 알게 되었어요.
예수님 생각하기	하나님은 베드로에게 환상을 보여 주셨고, 복음이 유대인만을 위한 것이 아니라 모든 사람을 위한 것이라는 사실을 알려 주셨어요. 하나님은 우리가 세상 모든 사람에게 복음을 전하기 원하세요. 예수님은 모든 것의 주인이세요!

단원 암송	빌 2:13
성경의 초점	성령님은 어떤 일을 하시나요? 성령님은 예수님을 믿게 하시고 따르도록 도와주세요.

본문 속으로

오순절 이후 사도 베드로는 담대하게 복음을 전하고 사람들을 가르쳤습니다. 예수님은 제자들에게 땅끝까지 복음을 전하라고 명령하셨습니다. 사도행전 10장은 복음이 유대인뿐만 아니라 이방인을 포함한 모두를 위한 것임을 분명히 보여 줍니다.

오늘의 성경 이야기는 유대 지역의 로마 통치 수도인 가이사랴에서 시작됩니다. 백부장 고넬료는 가이사랴에 살았습니다. 그곳의 다른 사람들처럼 고넬료도 이방인이었습니다. 그러나 그는 로마의 신들을 섬기지 않았습니다. 고넬료는 한 분이신 참 하나님을 섬겼습니다.

어느 날 하나님이 환상 가운데 그에게 말씀하셨습니다. 환상 속에서 천사가 말하기를 베드로에게 사람을 보내 그를 청하라고 하였습니다. 당시 베드로는 가이사랴에서 남쪽으로 45km 정도 떨어진 욥바라는 곳에 있었습니다. 고넬료가 보낸 사람들이 욥바로 가는 동안 베드로도 환상을 보았습니다. 그는 지붕에 올라가 있었는데, 하나님이 보자기 안에 든 동물들을 보여 주시며 먹으라고 하셨습니다. 유대 음식법에 의하면 그 동물들 중 일부가 '부정'한 짐승이었다는 것이 베드로에게 문제가 되었습니다. 하나님은 베드로에게 "하나님께서 깨끗하게 하신 것을 네가 속되다 하지 말라"라고 세 차례나 말씀하셨습니다.

베드로는 가이사랴로 가서 고넬료와 그와 함께 모인 사람들을 방문했습니다. 베드로는 이방인이라 하여 부정한 자로 여기는 것을 하나님이 원치 않으신다는 사실을 깨닫게 되었습니다(행 10:28~29 참조). 베드로는 그곳에 모인 이방인들에게 복음을 전했고, 이방인들은 복음을 믿었습니다. 그들은 곧 성령으로 충만하게 되었고 모인 사람들은 세례를 받았습니다.

●● 티칭 포인트

정결하거나 부정한 음식이 따로 있지 않은 것처럼, 정결하거나 부정한 사람이 따로 있지 않다는 사실을 아이들에게 강조해 주십시오. 복음은 모두에게 기쁜 소식입니다. 하나님은 그리스도를 믿는 사람들을 부르셔서 세상 모든 사람에게, 즉 그들이 누구든지 어디에서 온 사람이든지 상관없이 기쁜 소식을 전하게 하십니다. 예수님은 만물의 주인이십니다!

이야기 성경

베드로와 고넬료가 만났어요

행 10장

고넬료는 로마 군인이었어요. 그는 하나님을 사랑하고, 다른 사람들을 도와주었으며, 언제나 하나님께 기도하는 사람이었어요. 어느 날 오후, 하나님은 천사를 고넬료에게 보내셨어요. 천사는 "고넬료야!" 하고 그를 부른 후 "하나님이 네 기도를 들으셨다"라고 말했어요. 그리고 고넬료에게 사람을 보내 베드로라는 사람을 데려오라고 했어요. 천사가 떠나고, 고넬료는 하인 두 명과 병사 한 명을 욥바라는 도시로 보냈어요.

욥바에서 베드로는 지붕에 올라가 기도하고 있었어요. 그때 환상을 보게 되었어요. 마치 꿈을 꾸는 것 같았지만, 베드로는 깨어 있었어요. 환상 속에서 베드로는 커다란 보자기 같은 것이 하늘에서 내려오는 것을 보았어요. 그 보자기 안에는 꿈틀거리는 뱀과 새 등 온갖 종류의 짐승들이 있었어요. 그때 한 소리가 들렸어요. "베드로야, 일어나 잡아먹어라!"

하지만 베드로는 그 짐승들을 잡아먹기 싫었어요. 그 동물들이 깨끗하지 않다고 생각했거든요. 이어서 또 다른 소리가 들렸어요. "하나님이 이것들을 깨끗하게 하셨다." 베드로는 똑같은 환상을 세 번이나 보았어요. 그는 환상이 무슨 뜻인지 이해하려고 애썼어요.

그때 고넬료가 보낸 사람들이 베드로가 머무는 집 문 앞에 도착했어요. 그들은 베드로에게 고넬료의 집으로 함께 가자고 했어요. 그래서 다음 날, 베드로는 그들을 따라나섰어요.

고넬료의 집에 도착한 베드로는 예수님에 대한 기쁜 소식이 유대인에게만 주어진 것이 아니라, 모두에게 주어졌다고 말했어요. "예수님을 믿는 모든 사람은 죄를 용서받습니다." 사람들은 베드로가 전한 말을 믿었어요. 고넬료와 그의 친척들과 친구들은 예수님의 이름으로 세례를 받았고, 베드로는 그들과 함께 며칠을 더 보냈어요.

●● 예수님 생각하기

하나님은 베드로에게 환상을 보여 주셨고, 복음이 유대인만을 위한 것이 아니라 모든 사람을 위한 것이라는 사실을 알려 주셨어요. 하나님은 우리가 세상 모든 사람에게 복음을 전하기 원하세요. 예수님은 모든 것의 주인이세요!

이야기 TIP

- **베드로의 환상을 위한 소도구 활용 :** 보자기(또는 큰 천)에 동물 인형을 여러 개 넣어 둔다. 인도자가 오늘의 성경 이야기를 들려주다가 적절한 시점에 보자기를 아래로 내린 뒤 아이들 앞에서 펼쳐 보여 준다.
- **고넬료와 베드로가 되어 기도하기 :** 아이들을 2줄로 세운다. 왼쪽 줄에 선 아이들에게는 '고넬료'의 역할을, 오른쪽 줄에 선 아이들에게는 '베드로'의 역할을 맡긴다. '고넬료'와 '베드로'를 약 5m 정도 떨어뜨려 무릎 꿇고 앉힌다. '고넬료'가 먼저 두 손을 높이 들고 "하나님!" 하고 기도하면 '베드로'가 "하나님!" 하고 기도한다. 잠시 후 인도자가 "고넬료야! 베드로야!" 하고 외치면 '베드로'가 일어나서 '고넬료'에게 가서 포옹해 준다.

가스펠 준비

싱글벙글 환영해요

DVD "성령의 능력으로"(지도자용 팩)를 튼다. 아이들을 반갑게 맞이하며 헌금과 기도를 도와준다. 예배 중 헌금 순서가 있다면 아이들이 헌금을 잘 간수하도록 돕는다. 가방과 외투를 정리하도록 안내한다. 새로 온 아이가 있다면 음수대와 화장실의 위치를 알려 주고, 보호자와 만나는 시간과 방법 등을 소개한다. 보호자들을 위한 안내문을 붙여 아이와 만나는 시간, 기다리는 장소, 헌금 방법, 아이에 대한 특별한 주의 사항을 교사에게 미리 알려 달라는 당부 등을 공지한다.

너랑 나랑 마음 열기

주제와 관련 있는 퍼즐이나 블록 등 아이들이 좋아하는 장난감을 몇 가지 비치해 두고 다양한 활동을 하며 예배를 준비하도록 돕는다. 아이들이 마음을 열고 오늘의 주제에 관심을 갖게 하며 예배에 집중할 수 있도록 도와준다. 교회 형편에 맞게 시간과 활동 방법을 조절한다.

여러 나라 사람들 환경판 꾸미기 *

DVD 준비물 ▶ 세계 지도, '여러 나라 국기', '여러 나라 사람들' 그림(지도자용 팩), 도화지, 그리기 도구(색연필, 크레파스 등), 가위, 셀로판테이프

❶ 예배실 한쪽 벽에 세계 지도를 붙이거나 그리고 아이들에게 세계 곳곳에 살고 있는 여러 나라 사람들을 떠올려 보라고 한다.

❷ '여러 나라 국기', '여러 나라 사람들' 그림(지도자용 팩)을 프린트해 나누어 주거나 도화지에 그리기 도구를 사용해 여러 나라 사람들을 그려 보라고 한다.

❸ ❷를 가위로 오려 셀로판테이프를 이용해 세계 지도에 붙이게 한다.

인도자 세상에는 다양한 사람들이 다양한 모습으로 살고 있어요. 모두 하나님이 창조하셨지요. 오늘의 성경 이야기에는 유대 사람과 유대 사람이 아닌 이방인들이 나와요. 그들에게 무슨 일이 일어났을까요? 하나님은 그들을 어떻게 생각하셨을까요? 오늘의 성경 이야기를 잘 들어 보아요.

군인이 되어 행진해 보아요 *

준비물 ▶ 마스킹테이프, 빨간색·파란색·노란색·분홍색 도화지, 찬양을 재생할 수 있는 도구(CD플레이어, 스마트폰 등), 찬양 음원

❶ 예배실 바닥에 마스킹테이프를 이용해 큰 사각형 모양의 길을 만들어 둔다. 각 모서리마다 빨간색·파란색·노란색·분홍색 도화지를 붙여 둔다. 각 도화지마다 정해 놓은 행동을 알려 준다.

예) • 빨간색 도화지 : 한 발로 세 번 뛰기
- 파란색 도화지 : 머리, 어깨, 무릎, 발을 순서대로 만지기
- 노란색 도화지 : 제자리에서 두 바퀴 돌기
- 분홍색 도화지 : 엎드려 팔 굽히기 한 번 하기

❷ 아이들을 한 줄로 세우고, 인도자가 찬양을 틀면 군인이 되어 길을 따라 씩씩하게 행진하라고 한다. 행진하다가 각 모서리에 놓인 색도화지에 다다르면, 각 도화지마다 미리 정해 놓은 행동을 하면 된다고 말해 준다.

❸ 찬양이 끝날 때까지 행진을 계속한다.

인도자 오늘의 성경 이야기에는 로마 군인이었던 고넬료라는 남자가 나와요. 고넬료는 유대 사람은 아니었지만 다른 사람들을 도와주고 하나님을 사랑했어요. 하나님은 고넬료에게 천사를 보내셨지요. 오늘의 성경 이야기를 들으며 천사가 고넬료에게 무엇이라고 말했는지 들어 보아요.

동물을 분류해요 *

준비물 ▶ '동물 카드' 그림(지도자용 팩), 가위, 셀로판테이프

❶ '동물 카드' 그림(지도자용 팩)을 프린트해 가위를 이용해 잘라 둔다.

❷ 아이들에게 '동물 카드'를 보여 주면서 하나하나 소개하고 다양한 방법으로 분류할 수 있도록 지도한다.

예) 살아가는 장소, 다리의 수, 색깔, 애완동물로 키울 수 있는지, 움직이는 속도, 만졌을 때 느낌, 울음소리, 깨끗한 동물과 깨끗하지 않은 동물 등.

인도자 하나님은 구약성경에서 하나님의 백성에게 동물에 관한 규칙을 주셨어요. 어떤 동물들은 깨끗하다고 하셨고, 또 어떤 동물들은 깨끗하지 않다고 말씀하셨어요. 이스라엘 백성은 하나님이 깨끗하지 않다고 말씀하신 동물은 먹을 수 없었어요. 오늘의 성경 이야기에서 하나님은 베드로에게 동물에 관해 말씀하셨어요. 어떤 말씀인지 궁금하지요?

예배 대형으로 모이기

- 카운트다운 영상, 모이기 노래 등을 활용해 예배 대형으로 바꾸고 마음을 준비하게 한다.
- 공간을 이동해야 한다면 자신이 좋아하는 동물의 흉내를 내며 가도록 한다.

가스펠 설교

하나 — 들어가기

아이들에게 인도자의 설명을 듣고 '내 얘기'라고 생각한다면 "저예요!"라고 말하면서 일어나라고 한다. 마지막 설명은 모든 아이가 일어날 수 있도록 아주 일반적인 설명을 제시한다.

예) "나는 남동생이 있어요", "내 머리카락의 색깔은 갈색이에요", "나는 TV 보는 것을 좋아해요", "나는 놀이터에서 그네 타는 것을 좋아해요", "나는 예수님을 사랑해요."

여러분은 예수님에 대한 기쁜 소식인 '복음'이 모든 사람을 위한 것이라는 사실을 알고 있나요? 처음에 베드로는 복음은 특별한 몇몇 사람들만을 위한 것이라고 생각했대요. 이제 함께 제자리에 앉아서 오늘의 성경 이야기에서 하나님이 베드로에게 무엇이라고 말씀하셨는지 들어 보아요.

둘 — 성경 이야기

DVD 사도행전 10장을 편다. 설교 영상(지도자용 팩)을 보여 주거나 이야기 성경을 들려준다.

하나님은 성경을 통해 우리에게 말씀하세요. 하나님의 말씀은 모두 사실이에요. 성경은 모든 책 중에서 가장 중요한 책이지요. 오늘의 성경 이야기는 신약성경의 '사도행전'에 나와요.

셋 — 메시지와 정리

하나님은 환상을 통해 베드로에게 중요한 사실을 알려 주셨어요. 베드로는 예수님에 대한 기쁜 소식인 복음이 유대 사람들만을 위한 것이라고 생각했지만, 그것은 틀린 생각이었어요. **베드로는 복음이 모든 사람을 위한 것임을 알게 되었어요**. 예수님을 믿는 사람은 누구나 죄를 용서받을 수 있어요.

DVD 연대표(지도자용 팩)를 가리키면서 복습 질문을 한다.

1. 하나님은 베드로에게 환상을 통해 무엇을 보여 주셨나요? 온갖 종류의 짐승
2. 베드로가 동물을 먹지 않으려 하자 무슨 소리가 들렸나요? "베드로야, 일어나 잡아먹어라! 하나님이 이것들을 깨끗하게 하셨다"
3. 베드로는 환상을 몇 번 보았나요? 세 번

4. 베드로의 환상은 무엇을 의미하나요? '예수님이 모든 사람을 위해 오셨다'는 좋은 소식
5. 고넬료와 그의 가족들, 친구들은 예수님을 믿게 되었나요? 그렇다

넷 — 성경의 초점

1단원의 '성경의 초점'을 기억하나요? **"성령님은 어떤 일을 하시나요?"**, **"성령님은 예수님을 믿게 하시고 따르도록 도와주세요"**예요. 성령님은 우리가 하나님의 일을 하도록 도와주세요. 그 일 중에 하나는 다른 사람들에게 예수님을 전하는 일이에요. 성령님은 모든 사람에게 복음을 전하도록 도와주세요.

다섯 — 복음 초청

성경과 48쪽 복음 초청 가이드를 이용해서 아이들에게 그리스도인이 되는 법을 설명해 준다. 따로 상담해 줄 사람을 정해 주고 궁금한 점이 있으면 물어보도록 격려한다.

이 시간 예수님을 믿고 마음에 모시고 싶은 친구는 함께 기도해요.

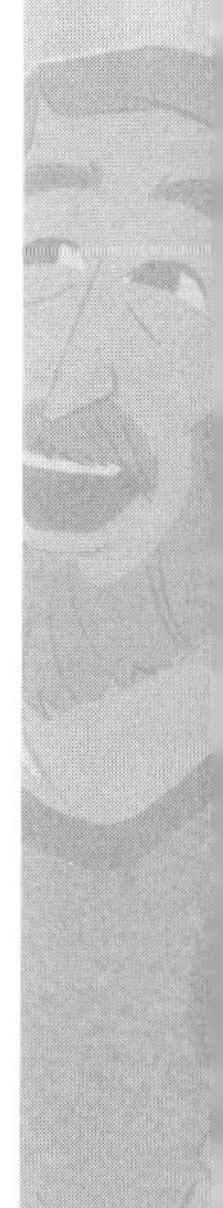

여섯 — 기도

하나님, 우리를 사랑하시는 것처럼 우리 가족과 친구들, 또 이웃을 사랑하시는 하나님의 마음을 알게 되었어요. 하나님은 모든 사람이 하나님에 대해 알기를 원하신다는 것도 알게 되었어요. 하나님, 우리가 복음을 전하는 어린이가 되게 도와주세요. 예수님의 이름으로 기도합니다. 아멘.

일곱 — 암송송

성경에서 빌립보서 2장 13절을 펴고 큰 소리로 여러 번 따라 읽게 한다.

하나님은 우리 한 사람, 한 사람을 통해서 일하세요. 우리가 예수님을 믿으면 하나님은 우리 안에서 일하셔서 하나님의 계획을 이루세요. 또한 하나님은 이 세상을 향한 하나님의 계획을 이루어 가는 일에 우리를 사용하세요. 하나님은 선한 분이세요!

암송송(136쪽)에 맞추어 손유희를 하며 말씀을 익힌다.

"너희 안에서 행하시는 이는 하나님이시니 자기의 기쁘신 뜻을 위하여 너희에게 소원을 두고 행하게 하시나니"(빌 2:13).

가스펠 소그룹

알콩달콩 말씀 놀이

한 사람도 빠짐없이 예수님이 필요해요!

준비물 ▶ 유치부 교재 12쪽, 노란색·연두색·분홍색·빨간색 색연필

우리 모두에게 예수님이 필요해요!

이야기 나누기

- 베드로는 어떤 환상을 보았나요?
- 베드로는 고넬료의 집에 가서 무슨 이야기를 했나요?
- 예수님을 믿는 사람은 모든 죄를 용서받아요. 이 사실을 믿나요? 이 기쁜 소식을 친구들에게 알려 줄 방법이 있나요?

❶ 사람들을 관찰하고 공통점과 차이점을 찾아보게 한다.

tip 구분이 명확한 조건(여자, 머리카락이 검은 사람, 수염을 기른 사람 등)을 다양하게 제시해 공통점을 찾는 연습을 하게 한다.

❷ 안경 낀 사람들-노란색, 남자들-연두색, 모자를 쓴 사람들-분홍색 색연필로 각각 한 덩어리씩 묶어 보게 한다.

❸ 아이들에게 "복음이 필요한 사람은 누구일까요?"라고 물어보고, "우리 모두에게 복음이 필요해요!"라고 답해 준 뒤, 빨간색 색연필로 모든 사람을 묶게 한다.

❹ 선생님을 따라 큰 소리로 "우리 모두에게 예수님이 필요해요!"를 읽어 보고, 흐린 글씨를 따라 쓰게 한다.

인도자 모든 사람에게 하나님의 마음을 잘 전달해 주었어요. 오늘의 성경 이야기에서 베드로는 커다란 보자기 같은 것이 하늘에서 내려오는 것을 환상으로 보았어요. 보자기 안에는 꿈틀거리는 뱀과 새 등 온갖 종류의 짐승들이 있었어요. **베드로는** 이방인인 고넬료와 그의 가족을 만나 복음을 전했고 **복음이 모든 사람을 위한 것임을 알게 되었어요.** 하나님은 우리가 세상 모든 사람에게, 그들이 누구든, 어디에서 온 사람이든 상관없이 복음을 전하기 원하세요. 예수님은 모든 것의 주인이세요!

'온 세상 사람들' 모빌을 만들어요 *

준비물 ▶ 유치부 교재 31~32쪽 '온 세상 사람들' 그림, 색연필, 리본, 셀로판테이프

❶ 유치부 교재 31쪽 '온 세상 사람들' 그림을 떼어 지도의 흰색 부분, 복음을 전하기 어려운 나라를 찾아 색칠하게 한다.

❷ 리본 끈으로 고리를 만들어 셀로판테이프로 고정해 모빌을 완성하게 한다.

❸ 온 세상 사람들이 모두 복음을 듣고, 하나님을 예배할 수 있게 해 달라고 다 함께 기도한다.

❹ 집으로 가져가 잘 보이는 곳에 걸어 두고 생각날 때마다 그들을 위해 기도하자고 격려한다.

인도자 예수님을 믿는 사람은 누구나 죄를 용서받을 수 있어요. **베드로는 복음이 모든 사람을 위한 것임을 알게 되었어요.** 하나님은 환상을 통해 베드로에게 예수님에 대한 기쁜 소식인 복음이 모든 사람을 위한 것이라는 사실을 가르쳐 주셨어요. 하나님은 우리가 세상 모든 사람에게 복음을 전하기 원하세요. 예수님은 모든 것의 주인이세요!

복음 영상을 만들어요 *

준비물 ▶ 휴대 전화

❶ 휴대 전화에 있는 동영상 촬영 프로그램을 이용해 전도 영상을 만들기로 계획한다.

❷ 아이들 한 명, 한 명에게 휴대 전화로 영상을 촬영할 때 5과의 주제를 말하거나, "예수님을 믿으면 누구나 죄를 용서받을 수 있어요!"라고 말해 보도록 지도한다.

tip 아이들과 상의한 후 다른 멘트를 정해 보아도 좋다.

❸ 촬영한 '복음 영상'을 아이들과 함께 보고, 아이들의 부모님에게도 전달한다.

❹ 부모님에게 활동에 대해 잘 안내해 가정에서 '복음을 전하고 싶은 사람'에 대해 아이들과 이야기를 나누고 '복음 영상'을 전달할 수 있도록 부탁드린다.

인도자 '복음 영상'을 만드는 것은 다른 사람들에게 예수님에 대해 전할 수 있는 좋은 방법이에요. 우리는 편지나 전화로, 또는 직접 대화하면서 예수님에 대해 전할 수 있어요. 중요한 것은 우리가 복음을 전한다는 거예요. 오늘의 성경 이야기에서 **베드로는 복음이 모든 사람을 위한 것임을 알게 되었어요.** 하나님은 우리가 세상 모든 사람에게 복음을 전하기 원하세요.

블록으로 도시를 만들어요 *

준비물 ▶ 다양한 종류의 블록, 사람 모양의 장난감

❶ 다양한 종류의 블록을 이용해 도시를 만들어 보라고 한다.

❷ 도시가 완성되면 사람 모양의 장난감을 곳곳에 배치해 보게 한다.

❸ 사람 모양의 장난감을 움직여 도시에서 예수님에 대한 기쁜 소식인 복음을 전해 보라고 한다.

예) "예수님을 믿으세요", "예수님을 믿으면 누구나 죄를 용서받을 수 있어요", "예수님은 우리를 사랑하세요" 등.

인도자 하나님이 베드로를 고넬료가 살고 있는 도시로 보내신 것은 하나님의 놀라운 은혜예요! 베드로를 만난 고넬료와 그의 가족들, 친구들은 모두 예수님에 대한 기쁜 소식인 복음을 믿게 되었어요. **베드로는 복음이 모든 사람을 위한 것임을 알게 되었어요**. 하나님은 우리가 세상 모든 사람에게 복음을 전하기 원하세요. 예수님은 모든 것의 주인이세요!

낙하산 놀이를 해요 *

준비물 ▶ 침대 시트(낙하산), 동물 인형

❶ 아이들을 마주보고 둥글게 세운 후 침대 시트의 가장자리를 잡으라고 한다.

❷ 침대 시트 가운데 동물 인형을 놓아둔다.

❸ 아이들에게 침대 시트를 움직여 인도자의 지시를 따르라고 한다.

예) • "동물을 떨어뜨리세요."
• "동물을 공중에 높이 띄우세요."
• "동물을 ○○○(아이의 이름)와 ○○○(아이의 이름) 사이로 통과시키세요."
• "센 파도를 일으키세요. 단, 동물을 떨어뜨려서는 안 돼요."

인도자 환상 속에서 베드로는 커다란 보자기 같은 것이 하늘에서 내려오는 것을 보았어요. 그 보자기 안에는 꿈틀거리는 뱀과 새 등 온갖 종류의 짐승들이 있었어요. **베드로는** 이 환상을 통해 **복음이 모든 사람을 위한 것임을 알게 되었어요**. 하나님은 우리가 세상 모든 사람에게 복음을 전하기 원하세요. 예수님은 모든 것의 주인이세요!

소곤소곤 꿀~꺽 간식

준비물 ▶ 동물 모양의 크래커, 요구르트, 접시

❶ 카운트다운 영상, 정리하기 노래 등을 활용해 활동이 끝났음을 알린다. 아이들에게 주변을 정리하게 하고, 화장실에 가거나 물티슈 등을 이용해 손을 씻을 시간을 준다.

❷ 감사 기도를 드리고 동물 모양의 크래커와 요구르트를 간식으로 나누어 준다. 어떤 동물 모양의 크래커인지 살펴보면서 아이들과 함께 베드로가 환상을 통해 온갖 종류의 짐승을 보았던 일에 대해 이야기를 나누어 본다. 하나님은 이 환상을 통해 베드로에게 예수님에 대한 복음이 모두를 위한 것이라는 사실을 알려 주셨다고 한 번 더 상기시킨다.

❸ 간식을 먹은 후 마무리 정리를 잘하도록 지도한다.

오순도순 마무리

준비물 ▶ 유치부 교재 37쪽 메시지 카드, 소그룹 활동지, 파일

❶ 이번 주 메시지 카드로 부모님과 함께 오늘 배운 성경 이야기를 나누어 보라고 한다.

가족과 활동해요

• 주변에 우리 가족과 친하지 않은 사람이 있는지 생각해 보세요. 복음이 그 사람을 위한 것이기도 하다는 사실을 가족끼리 서로 확인하는 시간을 갖고, 한 주 동안 그 사람을 위해 기도하세요.

❷ 나만의 기록장에 기록할 내용을 소개하고, 소그룹 활동지를 떼어 파일에 끼운 뒤 가방에 정리하게 한다.

❸ 아이들을 위해 기도한다.

인도자 하나님, 복음이 몇몇 특별한 사람들만을 위한 것이 아니라는 사실을 알려 주셔서 감사해요. 복음은 모든 나라, 모든 민족을 위한 거예요. 그들이 누구든, 어디에 살고 있든지 상관없이요! 우리에게 예수님에 관한 기쁜 소식인 복음을 사람들을 통해 전해 주셔서 감사해요. 우리가 예수님이 어떻게 십자가에서 죽으시고 부활하셔서 사람들을 죄에서 구원하셨는지에 대해 다른 사람들에게 전할 수 있도록 도와주세요. 예수님의 이름으로 기도합니다. 아멘.

❹ 아이를 데리러 온 부모에게 아이가 특별히 즐거워했거나 잘했던 활동들에 대해 이야기해 주고, 가정에서 성경 읽기와 가족 활동을 진행할 수 있도록 격려한다.

나만의 기록장

복음을 전해 주고 싶은 친구 그리기

2 단원

보내시는 하나님

하나님은 바울을 부르시고 예수 그리스도의 복음을 전하게 하셨습니다. 바울은 많은 동역자와 함께 로마 제국 곳곳에서 복음을 전했고 교회는 계속해서 성장했습니다. 세상 모든 사람에게 복 주시겠다는 하나님의 약속이 계속해서 이루어지고 있었습니다.

바울이 회개하고
세례를 받았어요

바울의 첫 번째
전도 여행

오직 그리스도

바울의 세 번째
전도 여행

바울이
아테네에서
복음을 선했어요

바울의 두 번째
전도 여행

카운트다운

뽀글뽀글

DVD 카운트다운 영상(**지도자용 팩**)은 예배 대형으로 모이거나 대형을 바꾸며 준비할 시간을 알리는 데 활용한다. 익숙해질 때까지 중간에 남은 시간을 알리는 것도 좋다.

예) "1분 전입니다", "30초 전입니다. 마음을 가다듬고 기도하며 하나님께 나아갑시다" 등.

단원 암송

오직 성령이 너희에게 임하시면 너희가 권능을 받고 예루살렘과 온 유대와 사마리아와 땅끝까지 이르러 내 증인이 되리라 하시니라(행 1:8).

사도행전 1:8

원곡 : 비행기(미국 민요)

작곡 : 사라 조세파 헤일 & 존 로울스톤

편곡 : 김효정

6

바울이 회개하고 세례를 받았어요

[행 9:1~25]

주제	예수님은 *사울을 죄에서 구원하셨어요.
예수님 생각하기	사울은 예수님과 예수님을 따르는 사람들을 미워하는 사람이었어요. 하지만 예수님이 그를 변화시키셨어요. 예수님은 사울과 같은 죄인들을 구원하러 이 땅에 오셨어요. 우리가 예수님을 믿으면 예수님은 우리를 변화시켜 주세요.

단원 암송	행 1:8
성경의 초점	사람들은 예수님의 이야기를 어떻게 듣게 되나요? 하나님은 그리스도인들을 통해 다른 사람들에게 예수님을 전하세요.

*사울 : 바울의 히브리식 이름

본문 속으로

사울은 종교에 관해 잘 알고 있었습니다. 독실한 유대교 가정에서 태어났기 때문입니다. 그는 다소(타르수스)에서 태어나 신실한 유대인으로 자랐고(빌 3:5 참조), 아버지로부터 로마 시민권을 물려받았습니다. 그래서 예수라 불리는 자가 나타나 자신이 바로 구약에서 예언한 그리스도라고 주장한다는 소식을 들었을 때 방어적인 태도를 보였습니다.

사울은 조상으로부터 전해 내려온 유대교를 굳게 믿었습니다. 그는 하나님의 교회를 극심하게 박해했고 없애려 애썼습니다(갈 1:13~14 참조). 집집마다 다니며 성도들을 끌어내어 감옥에 가두었습니다. 그는 첫 번째 순교자였던 스데반이 돌에 맞아 죽을 때 이에 동조하기도 했습니다. 사울은 유대교를 지키는 것이 옳은 일이라고 생각했습니다. 하지만 하나님의 계획을 멈출 수는 없었습니다. 사울이 성도들을 잡기 위해 다메섹(다마스쿠스)으로 갈 때 주님이 그를 멈춰 세우셨습니다.

예수님은 사울에게 자신을 나타내셨고, 이후 사울은 완전히 다른 사람이 되었습니다. 그는 눈이 멀어 사람들에 이끌려 다메섹으로 갔습니다. 사울은 그곳에서 아나니아라는 예수님의 제자에게 안수를 받고 다시 보게 되었습니다. 그리고 예수님이 주님이심을 믿게 되었습니다. 훗날 사울은 이 경험을 가리켜 온전히 죽고 새로운 삶을 얻게 된 듯한 느낌이라고 말했습니다(고후 5:17; 갈 2:20 참조).

하나님은 사울을 향한 계획과 목적을 갖고 계셨습니다. 사울이 태어나기도 전부터 그를 구별하여 세우셨습니다(갈 1:15 참조). 하나님은 "이 사람은 내 이름을 이방인과 임금들과 이스라엘 자손들에게 전하기 위하여 택한 나의 그릇이라"(행 9:15)라고 말씀하셨습니다.

●● 티칭 포인트

예수님은 사울의 인생을 송두리째 바꾸어 놓으셨습니다. 아이들을 가르칠 때 회심은 자신의 죄를 인정하고 회개하며 예수님을 자신의 구원자요, 주님으로 믿고 고백할 때 일어나게 된다는 사실을 분명히 가르쳐 주십시오. 예수님이 한 사람의 마음을 바꾸시면 그의 인생은 완전히 바뀝니다.

예수님은 사울을 완전히 바꾸셨습니다. 예수님은 한때 그리스도인의 원수였던 사울을 부르셨습니다. 그러고는 사람들에게 복음을 전하게 하셨습니다. 예수님을 구세주로 믿도록 사람들을 인도하는 삶을 살게 하셨습니다.

이야기 성경

바울이 회개하고 세례를 받았어요

행 9:1~25

교회가 처음 세워질 무렵, 사울이라는 사람이 있었어요. 사울은 사람들이 예수님 이야기를 전하지 못하게 하려고 애썼어요. 사울은 예수님이 하나님의 아들이시라는 것을 믿지 않았지요. 예수님을 믿는 사람들이 감옥에 가거나 죽임을 당해야 한다고 생각했어요. 예수님을 믿는 많은 사람이 사울을 피해서 예루살렘을 떠났어요.

사울은 성도들을 잡으러 다메섹으로 떠났어요. 다메섹으로 가는 길에서 갑자기 하늘에서 밝은 빛이 그를 비추었어요. 빛이 비추자 사울은 땅에 엎드렸어요. 그는 "사울아, 사울아, 왜 나를 괴롭히느냐?"라는 소리를 들었어요. 사울은 "주님, 누구십니까?"라고 물었어요. 그러자 "나는 예수다. 일어나 시내로 가라. 네가 할 일을 알려 줄 사람이 있을 것이다"라는 소리가 들렸어요.

사울은 일어나 눈을 떴어요. 하지만 아무것도 보이지 않았어요! 함께 있던 사람들이 사울을 다메섹으로 데려갔어요. 다메섹에는 아나니아라는 예수님의 제자가 살고 있었어요. 아나니아는 예수님을 사랑하는 사람이었어요. 주님은 아나니아에게 사울이 머물고 있는 집으로 찾아가라고 말씀하셨어요. 아나니아는 사울이 예수님의 적이라는 사실을 알고 있었어요. 하지만 주님은 사울을 향한 계획이 있다고 말씀하셨어요. "이 사람은 많은 사람에게 내 이름을 전하기 위해 선택되었다."

아나니아는 순종했어요. 그는 사울에게 가서 "예수님이 당신을 도우라고 나를 보내셨습니다"라고 말했어요. 아나니아는 사울에게 손을 얹고 기도했어요. 그러자 사울은 다시 앞을 볼 수 있게 되었어요! 사울은 일어나 세례를 받았어요.

그 후 며칠 동안 사울은 다메섹에서 성도들과 함께 머물러 있었어요. 그는 회당으로 들어가 사람들에게 예수님에 대해 전했어요. "예수님은 하나님의 아들이십니다!"라고 말했지요. 사람들이 깜짝 놀랐어요. 그들은 사울이 예수님을 싫어하고, 교회와 성도들을 해치기 위해 노력했던 사람이라는 것을 알고 있었거든요. 그런데 사울이 이제 예수님을 사랑하

이야기 TIP

- **예수님의 말씀을 확성기로 전하기 :** 다메섹으로 가는 길에 사울에게 들린 '예수님의 소리'를 확성기에 대고 크게 이야기한다. "사울아, 사울아, 왜 나를 괴롭히느냐?" 그러면 아이들이 제자리에서 무릎을 꿇고 "주님, 누구십니까?"라고 물으라고 하고, 다시 확성기에 대고 "나는 예수다. 일어나 시내로 가라. 네가 할 일을 알려 줄 사람이 있을 것이다"라고 말한다.
- **사울의 가면 바꾸어 쓰기 :** 사울의 가면을 '성도들을 괴롭히는 나쁜 표정', '예수님을 만나 우는 표정', '예수님을 전하는 기쁜 표정' 등 3개를 만들어 둔다. 아이들 중에 한 명에게 '사울' 역할을 맡기고 아이들을 마주보도록 앞에 세운다. '사울'이 성경 이야기의 흐름에 따라 가면을 바꾸어 쓸 수 있도록 지도한다.

게 된 거예요!

유대인들은 사울이 복음을 전하는 것을 싫어했어요. 그래서 그를 해치려고 했어요. 다른 성도들은 사울이 밤에 몰래 탈출할 수 있도록 도와주었어요. 훗날 사울은 바울이라는 이름을 사용했어요.

●● 예수님 생각하기

사울은 예수님과 예수님을 따르는 사람들을 미워하는 사람이었어요. 하지만 하나님이 그를 변화시키셨어요. 예수님은 사울과 같은 죄인들을 구원하러 이 땅에 오셨어요. 우리가 예수님을 믿으면 예수님은 우리를 변화시켜 주세요.

가스펠 준비

싱글벙글 환영해요

DVD "위대한 선물"(지도자용 팩)을 튼다. 아이들을 반갑게 맞이하며 헌금과 기도를 도와준다. 예배 중 헌금 순서가 있다면 아이들이 헌금을 잘 간수하도록 돕는다. 가방과 외투를 정리하도록 안내한다. 새로 온 아이가 있다면 음수대와 화장실의 위치를 알려 주고, 보호자와 만나는 시간과 방법 등을 소개한다. 보호자들을 위한 안내문을 붙여 아이와 만나는 시간, 기다리는 장소, 헌금 방법, 아이에 대한 특별한 주의 사항을 교사에게 미리 알려 달라는 당부 등을 공지한다.

너랑 나랑 마음 열기

주제와 관련 있는 퍼즐이나 블록 등 아이들이 좋아하는 장난감을 몇 가지 비치해 두고 다양한 활동을 하며 예배를 준비하도록 돕는다. 아이들이 마음을 열고 오늘의 주제에 관심을 갖게 하며 예배에 집중할 수 있도록 도와준다. 교회 형편에 맞게 시간과 활동 방법을 조절한다.

누구의 목소리일까요? *

준비물 ▶ 녹음할 수 있는 도구(녹음기, 휴대 전화 등)

❶ 녹음할 수 있는 도구를 이용해 아이들 한 명, 한 명의 목소리를 따로 녹음한다. "예수님을 믿으세요!"라고 말하면 된다.

❷ ❶ 중에서 하나를 무작위로 선택해 아이들에게 들려주고, 누구의 목소리인지 맞혀 보라고 한다.

❸ 모든 아이의 목소리를 맞힐 때까지 활동을 반복한다.

인도자 오늘의 성경 이야기에는 다메섹으로 가는 사울이라는 사람이 등장해요. 그가 길을 가고 있을 때 누군가가 무슨 말을 했어요. 사울은 누구의 목소리인지 알지 못했지요. 이제 성경 이야기를 들으면서 누구의 목소리인지 함께 알아보아요.

'출발! 정지!' 게임을 해요 *

준비물 ▶ 초록색·빨간색 도화지, 매직펜, 풀, 마스킹테이프

❶ 초록색·빨간색 도화지 뒷면을 풀로 붙인 후 초록색 도화지에 '출발', 빨간색 도화지에 '정지'라고 각각 쓴다.

❷ 예배실 한쪽에 마스킹테이프를 이용해 출발선을 표시하고, 아이들을 출발선 뒤로 한 줄로 세우고 인도자는 아이들 반대편 끝에 선다.

❸ 인도자가 '출발' 사인(초록색 도화지)을 보여 주면 인도자에게로 빠른 걸음으로 걸어서 다가오고, '정지' 사인(빨간색 도화지)을 보여 주면 그 자리에 멈추어 서면 된다는 게임의 규칙을 설명해 준다.

tip 안전사고가 발생하지 않도록 뛰지 않고 빠른 걸음으로 걷기로 약속한다.

❹ '출발'과 '정지' 사인을 다양한 방법으로 뒤집어 가면서 아이들이 인도자에게로 모두 올 수 있도록 지도한다.

tip 아이들 중 한 명에게 인도자의 역할을 맡겨도 좋다.

인도자 모두 잘했어요! 빨간색 '정지' 사인이 보이면 걸어갈 수 없었지요? 이처럼 교회가 처음 세워질 무렵, 사울이라는 사람은 예수님에 대한 기쁜 소식이 전해지는 것을 막았어요. 그는 예수님이 하나님의 아들이시라는 것을 믿지 않았거든요. 그리고 예수님을 믿는 사람들은 감옥에 가거나 죽임을 당해야 한다고 생각했어요. 많은 성도가 사울로 인해 도시를 떠났어요. 사울은 성도들을 몹시 괴롭히는 사람이었지만, 하나님은 그를 위한 계획을 갖고 계셨어요. 사울을 향한 하나님의 계획이 무엇인지 오늘의 성경 이야기를 함께 들어 보아요.

예배 대형으로 모이기

- 카운트다운 영상, 모이기 노래 등을 활용해 예배 대형으로 바꾸고 마음을 준비하게 한다.
- 공간을 이동해야 한다면 "○○야(아)!" 하고 자기 이름을 부르며 가게 한다.

가스펠 설교

하나 — 들어가기

아이들에게 '구원'이 무슨 뜻인지 물어본다. 충분히 생각하고 대답할 시간을 준다.

우리는 교회에서 '구원'에 대해 많이 들어요. '예수님이 누군가를 구원하신다'는 말은 '예수님이 그 사람을 죄에서 구원해 내신다'는 뜻이에요. 우리는 죄로 인해 하나님으로부터 멀어졌어요. 하지만 예수님은 십자가에서 우리의 죄를 위해 대신 죽으셨어요. 오늘의 성경 이야기를 듣고 예수님이 누구를 구원하셨는지 알아보아요.

둘 — 성경 이야기

DVD 사도행전 9장을 편다. 설교 영상(지도자용 팩)을 보여 주거나 이야기 성경을 들려준다.

성경에는 하나님의 말씀이 담겨 있어요. 성경에 들어 있는 이야기들은 모두 실제로 일어난 일이에요. 오늘의 성경 이야기는 신약성경의 '사도행전'에 나와요.

셋 — 메시지와 정리

사울은 예수님과 예수님을 따르는 사람들을 미워하는 사람이었어요. 하지만 **예수님은 사울을 죄에서 구원하셨어요**. 이제 사울은 예수님을 미워하는 대신 모든 사람에게 예수님을 전하는 사람이 되었어요.

DVD 연대표(지도자용 팩)를 가리키면서 복습 질문을 한다.

1. 사울은 처음에 예수님을 사랑했나요? 아니다, 미워했다
2. 사울이 다메섹으로 가고 있을 때 그에게 말씀하신 분은 누구신가요? 예수님
3. 사울이 예수님과 이야기를 나눈 후에 눈을 떴을 때 어떤 일이 일어났나요? 앞이 보이지 않았다
4. 아나니아는 사울에게 어떻게 행동했나요? 사울에게 손을 얹고 기도해 그가 다시 볼 수 있도록 했다
5. 훗날 사울은 무슨 이름을 사용했나요? 바울

넷 — 성경의 초점

2단원의 '성경의 초점'을 알려 줄게요. 잘 들어 보세요. **"사람들은 예수님의 이야기를 어떻게 듣게 되나요?"**, **"하나님은 그리스도인들을 통해 다른 사람들에게 예수님을 전하세요."** 예수님을 만난 사울은 회당으로 가서 사람들에게 예수님을 전했어요. 하나님은 우리가 사울처럼 다른 사람들에게 예수님을 전하기 원하세요.

다섯 — 복음 초청

성경과 48쪽 복음 초청 가이드를 이용해서 아이들에게 그리스도인이 되는 법을 설명해 준다. 따로 상담해 줄 사람을 정해 주고 궁금한 점이 있으면 물어보도록 격려한다.

이 시간 예수님을 믿고 마음에 모시고 싶은 친구는 함께 기도해요.

여섯 — 기도

하나님, 예수님을 이 땅에 보내 주셔서 죄인인 사울과 우리를 구원해 주셔서 감사해요. 우리가 예수님을 믿을 때 우리를 변화시켜 주셔서 감사해요. 우리의 죄를 용서하고 사랑해 주신 예수님의 사랑으로 다른 사람들을 많이 사랑하게 해 주세요. 그리고 예수님에 대한 좋은 소식을 전하는 우리가 되게 해 주세요. 예수님의 이름으로 기도합니다. 아멘.

일곱 — 암송송

성경에서 사도행전 1장 8절을 펴고 큰 소리로 여러 번 따라 읽게 한다.

'증인'이란 '보고 들은 것을 그대로 말하는 사람'을 뜻해요. 2단원 암송 구절은 예수님의 제자들이 예수님의 증인이 되었다고 말하고 있어요. 우리도 예수님이 우리에게 행하신 일을 다른 사람들에게 말할 수 있어요!

암송송(137쪽)에 맞추어 손유희를 하며 말씀을 익힌다.

"오직 성령이 너희에게 임하시면 너희가 권능을 받고 예루살렘과 온 유대와 사마리아와 땅끝까지 이르러 내 증인이 되리라 하시니라"(행 1:8).

알콩달콩 말씀 놀이

사울이 달라졌어요

준비물 ▶ 유치부 교재 14쪽, 색연필

이야기 나누기
- 사울(바울)은 예수님을 만나기 전에 어떤 사람이었나요?
- 누가 사울을 도와주었나요?
- 예수님을 만난 사울은 어떻게 변화되었나요? 예수님을 만난 나는 어떤 어린이가 되었나요?

❶ 그림을 보고 이야기 순서대로 동그라미 모양의 빈칸에 숫자 1부터 4까지 적게 한다.

❷ 예수님을 만난 사울은 예수님을 믿게 되었다고 말해 준다. 사울이 예수님을 만나기 전과 만난 후의 얼굴 표정과 마음이 어떻게 변화되었는지를 살펴보라고 한다.

❸ 변화된 바울이 사람들 앞에서 무슨 말을 했을지 상상해 보고 말풍선에 적어 보게 한다.

tip 글씨 쓰기를 어려워하는 아이의 경우 말로 표현하면 선생님이 적어 준다.

인도자 어린아이는 자라서 청소년이 되어요. 도토리는 자라면 도토리나무가 되지요. 나비 애벌레는 나비가 된답니다. 그런데 이러한 변화 중에는 겉으로 관찰할 수 없는 변화도 있어요. 사울은 자신의 마음이 변화되는 경험을 했어요. 예수님을 만난 이후 변화되었지요. 왜냐하면 **예수님이** 죄인이었던 **사울**의 죄를 용서해 주시고 그를 **죄에서 구원하셨기** 때문이에요. 이처럼 예수님을 믿는 사람들은 마음이 변화되어요. 예수님을 믿는 사람들을 잡으러 다메섹으로 가던 사울은 강한 빛 가운데 말씀하시는 예수님을 만났어요. 아나니아의 기도로 다시 보게 된 사울은 사람들에게 예수님을 전했어요.

'변화된 사울' 찬양을 해요 *

❶ "비행기" 동요를 다음과 같이 개사해 여러 번 부른다.

예) "예수님은 사울을 / 죄에서 구했네 / 예수님은 사울의 / 주님이 되셨네.
사울이 말했어요 / 예수님은 살아 계신다! / 예수님은 하나님의 / 아들이시다!"

인도자 **예수님은 사울을 죄에서 구원하셨어요.** 사울은 예수님과 예수님을 따르는 사람들을 미워하는 사람이었어요. 하지만 예수님이 그를 변화시키셨어요. 예수님은 사울과 같은 죄인들을 구원하러 이 땅에 오셨어요. 우리가 예수님을 믿으면 예수님은 우리를 변화시켜 주세요.

볼 수 없게 된 사울이 되어 보아요 *

준비물 ▶ 눈가리개

❶ 자원하는 아이에게 '사울' 역할을 맡기고 눈가리개를 해 준다. 인도자가 '아나니아'의 역할을 맡는다.

❷ '사울'을 도와줄 친구 2명을 지명해 앞이 보이지 않게 된 '사울'을 인도해 '아나니아'에게 데리고 오라고 한다.

❸ '사울'이 오면 '아나니아'가 '사울'에게 손을 얹어 기도한 후 눈가리개를 벗겨 주고, '사울'이 "예수님은 구원자이십니다!"라고 말하면 활동이 마무리된다.

tip 아이들을 2팀으로 나누어 '사울'이 먼저 '아나니아'에게 도착한 팀이 이기는 대그룹 게임으로 진행해도 좋다.

인도자 사울은 길에서 예수님을 만난 후 앞을 볼 수 없게 되었어요. 그러자 사울과 함께 있던 사람들이 그를 다메섹으로 데리고 갔어요. 후에 아나니아가 사울에게 손을 얹고 기도하자 다시 앞을 볼 수 있게 되었어요. **예수님은 사울을 죄에서 구원하셨어요.** 사울은 예수님과 예수님을 따르는 사람들을 미워하는 사람이었어요. 하지만 예수님이 그를 변화시키셨어요. 예수님은 사울과 같은 죄인들을 구원하러 이 땅에 오셨어요.

십자가로 죄에서 구원받아요 *

준비물 ▶ 아세테이트지(투명 코팅지), 가위, 매직 블록, 풀, 빨간색 도화지, 검은색 사인펜

❶ 아세테이트지를 손바닥 크기의 하트 모양으로 잘라 투명 하트를 만든다. 빨간색 도화지를 십자가 모양으로 자르고 매직 블록에 풀로 붙여 잘라 '매직 블록 십자가'를 만든다.

❷ 한 명씩 돌아가며 투명 하트에 사울의 죄나 자신이 저지른 죄를 떠올리며 검은색 사인펜으로 빼곡히 칠해 보라고 한다.

❸ "예수님은 우리의 죄를 용서해 주세요!"라고 말하며 '매직 블록 십자가'를 이용해 ❷를 깨끗이 지운다.

❹ 투명 하트가 깨끗해지면 "우리를 구원해 주신 예수님, 감사합니다!"라고 큰 소리로 말한다.

인도자 사울은 그리스도인들이 복음을 전하는 것을 방해하며 몹시 괴롭히는 죄를 지었어요. 그렇지만 **예수님은 사울을 죄에서 구원하셨어요.** 예수님을 믿게 된 사울은 죄를 용서받고 "예수님은 구원자이십니다!"라는 기쁜 소식을 많은 사람에게 전하며 살았어요. 이처럼 예수님을 믿는 사람은 누구나 변화되어요.

소곤소곤 꿀~꺽 간식

준비물 ▶ 신맛이 아주 강한 사탕, 우유

❶ 카운트다운 영상, 정리하기 노래 등을 활용해 활동이 끝났음을 알린다. 아이들에게 주변을 정리하게 하고, 화장실에 가거나 물티슈 등을 이용해 손을 씻을 시간을 준다.

❷ 감사 기도를 드리고 신맛이 아주 강한 사탕과 우유를 간식으로 나누어 준다. 사울은 예수님과 예수님을 따르는 사람들을 미워하는 사람이었지만 하나님이 그를 변화시키셨다는 오늘의 성경 이야기를 떠올려 준다. 변화된 사울을 본 많은 사람은 신맛이 아주 강한 사탕을 입에 넣은 것처럼 정말 깜짝 놀랐다고 이야기해 준다. 예수님은 사울과 같은 죄인들을 구원하러 이 땅에 오셨다고 말해 준다.

❸ 간식을 먹은 후 마무리 정리를 잘하도록 지도한다.

오순도순 마무리

준비물 ▶ 유치부 교재 37쪽 메시지 카드, 소그룹 활동지, 파일

❶ 이번 주 메시지 카드로 부모님과 함께 오늘 배운 성경 이야기를 나누어 보라고 한다.

가족과 활동해요

- 햇빛이 강한 날, 가족이 다 함께 산책을 해 보세요. 밝은 빛을 본 사울이 어떤 느낌이었을지 이야기를 나누어 보세요.
- 가족 중에서 한 명이 예수님을 만나고 나서 자신의 삶이 어떻게 변했는지를 나누는 시간을 가지세요.

❷ 나만의 기록장에 기록할 내용을 소개하고, 소그룹 활동지를 떼어 파일에 끼운 뒤 가방에 정리하게 한다.

❸ 아이들을 위해 기도한다.

인도자 하나님, 우리는 예수님을 만나서 정말 기뻐요. 예수님이 우리와 같은 죄인들을 구원해 주시고, 우리를 변화시켜 주셔서 감사해요. 우리만 이 기쁨을 아는 것이 아니라 아직 예수님을 알지 못하는 우리 친구들이 우리처럼 기뻐할 수 있도록 복음을 전하면서 살래요. 하나님이 복음을 전할 수 있는 능력을 주세요. 예수님의 이름으로 기도합니다. 아멘.

❹ 아이를 데리러 온 부모에게 아이가 특별히 즐거워했거나 잘했던 활동들에 대해 이야기해 주고, 가정에서 성경 읽기와 가족 활동을 진행할 수 있도록 격려한다.

나만의 기록장

예수님을 믿게 해 주신 하나님께 감사드리는 내 마음 그리기

7

바울의 첫 번째 전도 여행

[행 13:1~3, 14:8~28]

주제 성령님은 바울과 바나바를 이방인들에게 보내 예수님을 전하게 하셨어요.

예수님 생각하기 바울은 성령님께 순종해 예수님에 대한 소식을 듣고 싶어 하는 사람들에게 복음을 전했어요. 사람들은 바울이 복음을 전하지 못하게 방해했지만 바울은 포기하지 않았어요. 많은 사람이 예수님을 믿게 되었고, 교회는 성장했어요. 하나님은 우리가 다른 사람들에게 예수님을 전해서 그들이 죄에서 구원받기를 원하세요.

단원 암송 행 1:8

성경의 초점 사람들은 예수님의 이야기를 어떻게 듣게 되나요?
하나님은 그리스도인들을 통해 다른 사람들에게 예수님을 전하세요.

본문 속으로

예수님의 제자들은 예루살렘에서 복음을 선포했습니다. 복음은 유대와 사마리아까지 퍼져 나갔고, 점점 더 많은 사람이 믿게 되었습니다. 많은 유대인과 이방인이 예수님을 따르게 되면서 새로운 교회들이 생겼습니다.

바나바는 바울과 함께 예루살렘에서 북쪽으로 약 480km 떨어진 시리아(수리아)의 안디옥(안티오크)으로 가서 성도들을 가르쳤습니다. 안디옥 교회는 잘 성장했습니다. 제자들은 이곳에서 처음으로 그리스도인이라 불렸습니다(행 11:26 참조).

성령님은 안디옥 교회 지도자들에게 복음 전하는 일을 위해 바울과 바나바를 따로 세워 보내라고 말씀하셨습니다. 교회는 순종했고, 바울과 바나바는 여러 도시와 구브로(키프로스)의 여러 섬을 다니며 유대인과 이방인에게 예수님을 전했습니다. 한때 그리스도인을 심하게 박해했던 바울은 예수님에 대한 기쁜 소식을 전하라는 하나님의 부르심에 순종했습니다. 그는 신실한 그리스도의 선교사가 되어 첫 번째 전도 여행을 떠났습니다.

이것은 결코 쉬운 일이 아니었습니다. 바울과 바나바는 가는 곳마다 거절당했습니다. 복음을 듣고 믿는 사람도 있었지만 거절하고 분노하는 사람도 있었습니다. 많은 사람이 예수님에 대한 복음을 거부했습니다. 어떤 유대인들은 바울을 죽이려고 음모를 꾸미기도 했습니다. 그러나 바울과 바나바는 어떤 상황에서도 타협하거나 자신들의 사명을 포기하지 않았습니다.

바울은 루스드라에서 한 사람을 치료해 주었는데, 이를 목격한 사람들이 바울과 바나바를 섬기려고 했습니다. 그때 두 사람은 한 분이신 참된 하나님께 모든 영광을 돌렸습니다. 바울의 대적자들이 그를 공격해 죽은 줄 알고 내다버렸을 때도 바울은 일어나 복음의 여정을 이어 갔습니다. 바울과 바나바는 더베에서도 복음을 전했고, 많은 사람이 예수님을 믿게 되었습니다.

● ● 티칭 포인트

성령님은 유대인과 이방인에게 예수님을 전하도록 바울과 바나바를 보내셨습니다. 만약 바울이 이방인들에게 복음을 전하지 않았다면, 오늘날 우리는 그리스도인이 되지 못했을 것이라고 아이들에게 알려 주십시오. 하나님은 사람들을 통해 예수님을 전하게 하셔서 세상 모든 사람이 예수님을 구세주로 믿고 죄에서 구원받도록 하십니다.

이야기 성경

바울의 첫 번째 전도 여행

행 13:1~3, 14:8~28

바울과 바나바는 교회가 세워지도록 도왔어요. 성령님은 바울과 바나바에게 특별한 일을 맡기셨어요. 안디옥 교회는 바울과 바나바에게 손을 얹고 그들을 위해 기도했어요. 그리고 그들은 하나님이 맡기신 일을 하기 위해 안디옥을 떠났어요. 하나님은 바울과 바나바를 여러 도시로 인도하시면서 그들이 유대인뿐만 아니라 유대인이 아닌 사람들, 즉 이방인들에게도 복음을 전하도록 하셨어요.

바울과 바나바는 루스드라에 도착했어요. 그곳에는 태어나면서부터 걷지 못하는 사람이 있었어요. 그는 바울이 예수님에 관해 말하는 것을 들었어요. 바울은 그 사람을 보고 큰 소리로 말했어요. "일어서시오!" 그러자 그 사람은 벌떡 일어나 걷기 시작했어요! 사람들은 이 기적을 보고 바울과 바나바를 신으로 생각했어요! 하지만 바울과 바나바는 "우리는 신이 아닙니다. 우리는 여러분과 똑같은 사람입니다! 우리는 하나님의 기쁜 소식을 전하려고 합니다"라고 말했어요.

그때 안디옥과 이고니온에서 온 유대인들이 나타났어요. 그들은 루스드라에 살고 있는 사람들을 부추겨서 바울과 바나바와 맞서 싸우게 했어요. 사람들은 바울에게 돌을 던지고 그를 도시 밖으로 끌어냈어요.

다음 날 바울과 바나바는 더베로 갔어요. 그들은 사람들에게 예수님을 전했고, 많은 사람이 예수님을 믿었어요. 마침내 바울과 바나바는 그들이 출발했던 안디옥 교회로 돌아갔어요. 그리고 전도 여행을 하면서 하나님이 어떻게 이방인들에게 복음을 전하도록 그들을 도우셨는지, 하나님이 하신 모든 일을 사람들에게 들려주었어요.

●● 예수님 생각하기

바울은 성령님께 순종해 예수님에 대한 소식을 듣고 싶어 하는 사람들에게 복음을 전했어요. 사람들은 바울이 복음을 전하지 못하게 방해했지만 바울은 포기하지 않았어요. 많은 사람이 예수님을 믿게 되었고, 교회는 성장했어요. 하나님은 우리가 다른 사람들에게 예수님을 전해서 그들이 죄에서 구원받기를 원하세요.

이야기 TIP

- **이야기를 따라 움직이기 :** 예배실을 세 부분으로 나누고 각각 '안디옥', '루스드라', '더베'라고 부른다. 성경 이야기를 들려주면서 이야기를 따라 여러 장소로 움직인다. 다음 이야기를 들려주기 전에 그 장소로 이동한다.
- DVD **지도 보여 주기 :** 바울의 1차 전도 여행 지도(지도자용 팩)에서 바울의 전도 여행 경로를 따라가 본다.

가스펠 준비

싱글벙글 환영해요

DVD "위대한 선물"(지도자용 팩)을 튼다. 아이들을 반갑게 맞이하며 헌금과 기도를 도와준다. 예배 중 헌금 순서가 있다면 아이들이 헌금을 잘 간수하도록 돕는다. 가방과 외투를 정리하도록 안내한다. 새로 온 아이가 있다면 음수대와 화장실의 위치를 알려 주고, 보호자와 만나는 시간과 방법 등을 소개한다. 보호자들을 위한 안내문을 붙여 아이와 만나는 시간, 기다리는 장소, 헌금 방법, 아이에 대한 특별한 주의 사항을 교사에게 미리 알려 달라는 당부 등을 공지한다.

너랑 나랑 마음 열기

주제와 관련 있는 퍼즐이나 블록 등 아이들이 좋아하는 장난감을 몇 가지 비치해 두고 다양한 활동을 하며 예배를 준비하도록 돕는다. 아이들이 마음을 열고 오늘의 주제에 관심을 갖게 하며 예배에 집중할 수 있도록 도와준다. 교회 형편에 맞게 시간과 활동 방법을 조절한다.

몸으로 찬양해요 *

❶ "'넌 할 수 있어'라고 말해 주세요" 동요를 개사해 여러 번 들려준다.

예) "예수님은 그리스도, 나의 구원자 / 예수 믿는 '우리들은 그리스도인!' / 짜증나고(짜증나고) 힘든 일도(힘든 일도) / 신나게 할 수 있는 / 꿈이 크고 마음이 자라는 / 따뜻한 말, '넌 그리스도인!' / 예수님은 그리스도, 나의 구원자 / 예수 믿는 '우리들은 그리스도인!"

❷ 아이들에게 가사 중에서 모르는 단어가 있는지 물어보고 설명해 준다.

예) 그리스도 : 구원자, 메시아 등.

❸ 가사에 맞추어 아이들과 함께 동작을 만들며 몸 찬양을 해 본다.

예) • "예수님은 그리스도, 나의 구원자" : 기도손 후 두 손 펴서 위로 펼침.
- "예수 믿는 '우리들은 그리스도인!'" : 기도손 후 두 손 주먹 쥐고 위로 올려 흔듦.
- "짜증나고(짜증나고) 힘든 일도(힘든 일도)" : 두 손 주먹 쥔 채 번갈아 가며 이마에 땀을 닦듯 대각선으로 내림 (2회 반복).
- "신 나게 할 수 있는" : 두 손 편 채 크게 원을 그린 후 박수 두 번.
- "꿈이 크고 마음이 자라는" : 두 손을 'ㄱ'자로 만들어 배에서 머리로 차곡차곡 쌓듯 올림.
- "따뜻한 말, '넌 그리스도인!'" : 두 손 편 채 가슴에 포갠 후 손가락 화살표를 만들어 상대방을 가리킴.
- "예수님은 그리스도, 나의 구원자" : 기도손 후 두 손 펴서 위로 펼침.
- "예수 믿는 '우리들은 그리스도인!" : 기도손 후 두 손 주먹 쥐고 위로 올려 흔듦.

tip '그리스도'라는 단어가 들어간 찬양으로 몸 찬양을 만들어 불러도 좋다.

인도자 '그리스도'는 '구원자'라는 뜻이에요. 안디옥에 있는 사람들은 복음을 듣고 "예수님은 그리스도이십니다"라고 전하고 다녔어요. 그러자 사람들이 그들을 처음으로 '그리스도인'이라고 불렀지요. 그런데 어느 날 안디옥에 있는 그리스도인들이 바울과 바나바에게 손을 얹어 기도했어요. 하나님이 그들에게 특별한 명령을 주셨거든요. 어떤 명령이었는지 오늘의 성경 이야기를 함께 들어 보아요.

릴레이 전도를 해요 *

준비물 ▶ 메모지, 네임펜

❶ 메모지로 아이들의 수만큼 제비를 만들되, 제비 하나에만 네임펜으로 십자가를 그려 놓는다.
❷ 아이들을 서로 마주보고 둥글게 앉힌 후 제비를 던지고 한 장씩 뽑으라고 한다.
❸ '십자가 제비'를 뽑은 아이가 친구들 중 한 명에게 다가가 "예수님은 구원자이십니다!"라고 말하며 복음을 전하면, 복음을 들은 아이가 또다시 다른 친구에게 다가가 복음을 전하고, 마지막 아이까지 릴레이로 복음이 전해지면 활동이 마무리된다.
❹ 시간 여유가 되면 게임을 한 번 더 반복한다.

인도자 오늘의 성경 이야기에서 바울과 바나바는 여러 도시를 다니며 사람들에게 예수님을 전했어요. 그런데 예수님을 전하다 어려운 일들도 만났어요. 바울과 바나바가 예수님에 대한 기쁜 소식을 전한 도시들에서 어떤 일들이 일어났는지 함께 들어 보아요.

예배 대형으로 모이기

- 카운트다운 영상, 모이기 노래 등을 활용해 예배 대형으로 바꾸고 마음을 준비하게 한다.
- 공간을 이동해야 한다면 "예수님은 구원자이십니다!"라고 외치며 가도록 한다.

가스펠 설교

하나 — 들어가기

아이들에게 다양한 동작을 지시한다. 각각의 동작이 어려웠는지, 쉬웠는지 물어본다.

예) 손을 뻗어 발가락 만지기, 한 발로 뛰기, 한 손으로 머리를 만지고 동시에 다른 한 손으로 배 만지기, 혀를 코에 닿게 하기 등.

오늘의 성경 이야기에서 바울과 바나바는 예수님에 관해 듣고 싶어 하는 사람들에게 복음을 전했어요. 때로는 쉽지 않은 일이었지요. 사람들은 바울이 복음을 전하지 못하게 방해했지만 바울은 포기하지 않았어요. 어떤 일이 있었는지 함께 들어 보아요.

둘 — 성경 이야기

DVD 사도행전 13~14장을 편다. 설교 영상(지도자용 팩)을 보여 주거나 이야기 성경을 들려준다.

하나님은 성경에 하나님의 말씀을 기록해 주셨어요. 성경 말씀은 모두 사실이에요! 오늘의 성경 이야기는 실제로 일어났던 일이에요. 신약성경의 '사도행전'에 나오는 이야기랍니다.

셋 — 메시지와 정리

바울과 바나바는 교회가 세워지도록 도왔어요. **성령님은 바울과 바나바를 이방인들에게 보내 예수님을 전하게 하셨어요.** 복음을 전하는 것은 쉬운 일이 아니었어요. 때로는 매우 어려운 상황을 만나기도 했지요. 하지만 성령님이 바울과 바나바를 도와주셨어요. 많은 사람이 복음을 들은 후 예수님을 믿었고, 교회는 성장했어요.

DVD 연대표(지도자용 팩)를 가리키면서 복습 질문을 한다.

1. 교회가 세워지는 일을 도운 사람들은 누구누구인가요? 바울과 바나바
2. 바울이 루스드라에서 한 사람에게 일어나라고 말했을 때 어떤 일이 일어났나요? 벌떡 일어나 걷기 시작했다
3. 바울과 바나바는 사람들이 자신들을 신이라고 생각하자 무엇이라고 말했나요? "우리는 신이 아닙니다. 우리는 여러분과 똑같은 사람입니다!"
4. 바울과 바나바는 만나는 사람들마다 무엇을 전했나요? 예수님에 대한 기쁜 소식인 복음

넷 — 성경의 초점

바울은 성령님께 순종해 예수님에 대한 소식을 듣고 싶어 하는 모든 사람에게 복음을 전했어요. 많은 사람이 예수님을 믿게 되었고, 교회는 성장했어요. 성령님은 우리가 다른 사람들에게 예수님을 전해서 그들이 죄에서 구원받기를 원하세요. **"사람들은 예수님의 이야기를 어떻게 듣게 되나요?"**, **"하나님은 그리스도인들을 통해 다른 사람들에게 예수님을 전하세요."** 하나님은 복음이 모든 사람에게 전해지기를 원하세요!

다섯 — 복음 초청

성경과 48쪽 복음 초청 가이드를 이용해서 아이들에게 그리스도인이 되는 법을 설명해 준다. 따로 상담해 줄 사람을 정해 주고 궁금한 점이 있으면 물어보도록 격려한다.

이 시간 예수님을 믿고 마음에 모시고 싶은 친구는 함께 기도해요.

여섯 — 기도

하나님, 예수님을 이 땅에 보내 주셔서 우리를 죄에서 구원해 주셔서 감사해요. 바울이 용기 있게 예수님에 대한 기쁜 소식을 전하게 해 주신 것처럼, 우리에게도 용기를 주세요. 우리가 누구에게나 언제나 예수님의 복음을 전할 수 있게 도와주세요. 힘들고 어려울 때에도 성령님이 도와주신다는 사실을 믿고 포기하지 않게 해 주세요. 예수님의 이름으로 기도합니다. 아멘.

일곱 — 암송송

성경에서 사도행전 1장 8절을 펴고 큰 소리로 여러 번 따라 읽게 한다.

2단원 암송 구절은 예수님이 제자들에게 들려주신 말씀이에요. 우리는 예수님의 증인이에요. '증인'이란 '보고 들은 것을 그대로 말하는 사람'을 뜻해요. 예수님의 증인이 된다는 말은 '예수님이 우리를 위해 사시고, 죽으시고, 부활하신 일'에 대해 다른 사람들에게 전하는 사람이 된다는 뜻이지요!

암송송(137쪽)에 맞추어 손유희를 하며 말씀을 익힌다.

"오직 성령이 너희에게 임하시면 너희가 권능을 받고 예루살렘과 온 유대와 사마리아와 땅끝까지 이르러 내 증인이 되리라 하시니라"(행 1:8).

싱글벙글 환영해요

전도 여행을 떠나요!

준비물 ▶ 유치부 교재 16쪽, 41쪽 '바울', '바나바', '걷지 못하는 사람' 스티커, 색연필

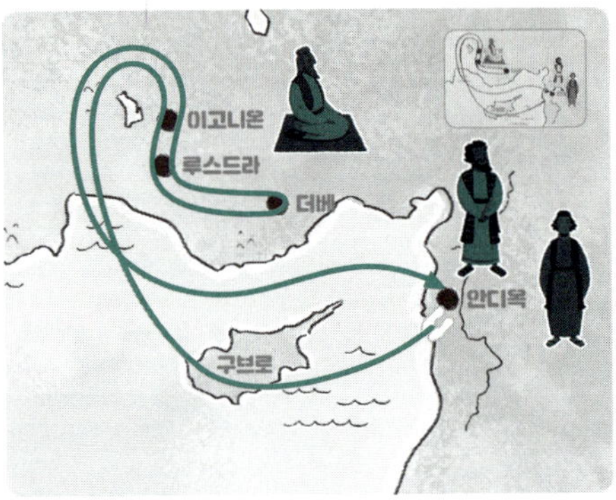

이야기 나누기
- 바울과 바나바는 무엇을 타고 여행을 떠났나요?
- 그들은 왜 그렇게 먼 곳까지 가서 복음을 전했을까요?
- 그들이 복음을 힘 있게 전할 수 있도록 도와주신 분은 누구신가요?

❶ 아이들에게 바울과 바나바의 전도 여행의 발자취를 따라가 보자고 말한다.
❷ 전도 여행을 시작한 안디옥에 유치부 교재 41쪽 '바울', '바나바' 스티커를 붙이게 한다.
❸ 색연필로 선을 따라 그리며 안디옥에서 출발해 구브로, 이고니온, 루스드라, 더베까지 간 후 다시 점선을 따라 안디옥으로 돌아오게 한다.
❹ 전도 여행길을 검지와 중지로 따라 걷다 루스드라에 도착하면 유치부 교재 41쪽 '걷지 못하는 사람' 스티커를 붙이고, 더베에 도착하면 "예수님을 믿으세요!"라고 외친 뒤 다시 손가락 걸음으로 안디옥으로 돌아오게 한다.

tip 인주나 물감을 검지와 중지에 묻혀 발자국 도장을 찍으며 길을 따라가 보는 것도 좋다.

인도자 **성령님은 바울과 바나바를 이방인들에게 보내 예수님을 전하게 하셨어요.** 바울과 바나바는 안디옥에서 출발해 여러 도시들을 지나 다시 안디옥으로 돌아왔어요. 그들은 가는 곳마다 예수님을 전했어요. 성령님이 놀라운 일들을 행하셨지요. 많은 사람이 예수님을 믿었고, 교회는 점점 성장했어요. 하나님은 모든 사람이 복음을 듣고 죄에서 구원받기를 원하세요.

두 손가락 인형으로 성경 이야기를 꾸며요

준비물 ▶ 유치부 교재 33쪽 '바울', '바나바', '걷지 못하는 사람' 두 손가락 인형, 색연필

❶ 유치부 교재 33쪽 '바울', '바나바', '걷지 못하는 사람' 두 손가락 인형을 떼어 색칠하게 한다.
❷ 아이들에게 검지와 중지를 동그란 구멍에 넣어 손가락 인형의 다리 역할을 해 보라고 한다.
❸ 아이들이 '바울', '바나바', '걷지 못하는 사람' 중에서 한 명을 골라 역할극을 해 볼 수 있도록 지도한다.

tip '걷지 못하는 사람'의 역할을 맡은 아이에게 두 손가락을 구부려 앉아 있다가 바울과 바나바가 고친 후에는 손가락을 펴서 뛰는 흉내를 내면 된다고 말해 준다.

인도자 **성령님은 바울과 바나바를 이방인들에게 보내 예수님을 전하게 하셨어요.** 루스드라에서 예수님을 전할 때 성령님은 놀라운 일로 그들을 도와주셨어요. 태어나면서부터 건지 못하는 사람을 고친 모습을 본 사람들은 바울과 바나바가 신이라고 생각하기도 했어요! 그러나 바울과 바나바는 자신들은 그들과 똑같은 사람이라고 말했지요. 성령님은 바울과 바나바에게 능력을 주신 것처럼 우리에게도 능력을 주세요.

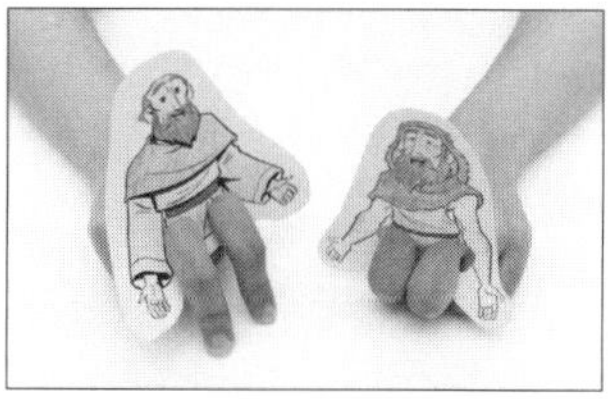

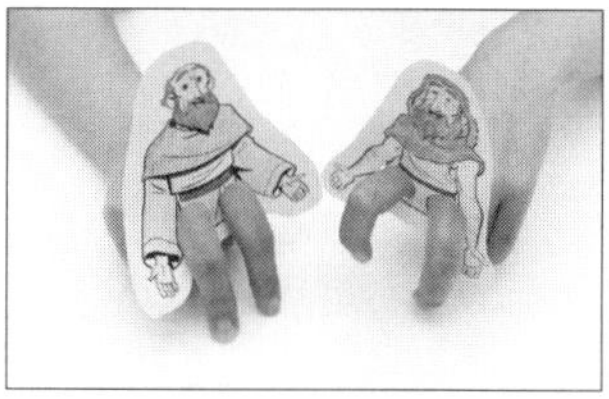

선교사님을 초대해요 *

❶ 교회가 후원하는 선교사님, 또는 훈련 중인 선교사님과 사전에 약속을 정해 두고, 유치부 예배에 초대해 이야기를 들어 본다.

tip 선교지 현지 상황과 사역 소개와 더불어 현지인들이 주로 하는 게임이나 음식, 찬양 등을 아이들에게 알려 주고, 그중에서 한두 가지만 아이들과 함께할 수 있도록 준비해 달라고 부탁한다.

❷ 아이들에게 선교사님의 사역을 위해 함께 기도하자고 말하고, 소리 내어 기도하는 시간을 갖는다.

인도자 **성령님은 바울과 바나바를 이방인들에게 보내 예수님을 전하게 하셨어요.** 그리고 성령님은 ○○○ 선교사님을 보내 사람들에게 예수님을 전하게 하셨어요. 성령님은 우리가 다른 사람들에게 복음을 전해 그들이 죄에서 구원받기를 원하세요. 우리가 복음을 전하고 싶은 사람과 ○○○ 선교사님을 위해 기도해요!

교회가 자라 가요 *

준비물 ▶ 하트 스티커

❶ 인도자가 '전도자'가 되어 '전도 대상자' 2명(A, B)에게 각각 하트 스티커 1개를 붙여 주면서 "예수님이 우리를 죄에서 구원하셨어요!"라고 말하는 시범을 보인다. A, B가 "믿어요!"라고 말하면 하트 스티커 2개를 선물로 준다.

❷ '전도자'가 된 A, B는 각각 '전도 대상자'인 C, D와 E, F에게 다가가서 ❶의 활동을 반복한다.

❸ 모든 아이가 하트 스티커를 붙이면 활동을 마무리한다.

인도자 **성령님은 바울과 바나바를 이방인들에게 보내 예수님을 전하게 하셨어요.** 바울은 성령님께 순종해 많은 사람에게 복음을 전했어요. 많은 사람이 복음을 믿었고, 교회는 성장했어요. 오늘날에도 교회는 성장하고 있어요.

소곤소곤 꿀~꺽 간식

준비물 ▶ 팝콘, 과일 주스

❶ 카운트다운 영상, 정리하기 노래 등을 활용해 활동이 끝났음을 알린다. 아이들에게 주변을 정리하게 하고, 화장실에 가거나 물티슈 등을 이용해 손을 씻을 시간을 준다.

❷ 감사 기도를 드리고 팝콘과 과일 주스를 간식으로 나누어 준다. 팝콘은 옥수수 알갱이를 프라이팬에 넣고 버터와 함께 볶으면 펑펑 터지면서 만들어지는데, 옥수수 알갱이 한 컵을 넣으면 아주 많은 양의 팝콘을 만들 수 있다고 말해 준다. 바울이 포기하지 않고 복음을 전하자 처음에는 그리스도인의 수가 적었지만 점점 많은 사람이 예수님을 믿게 되었고 교회가 성장했다는 오늘의 성경 이야기를 떠올리게 한다.

❸ 간식을 먹은 후 마무리 정리를 잘하도록 지도한다.

오순도순 마무리

준비물 ▶ 유치부 교재 37쪽 메시지 카드, 소그룹 활동지, 파일

❶ 이번 주 메시지 카드로 부모님과 함께 오늘 배운 성경 이야기를 나누어 보라고 한다.

가족과 활동해요

- 가족이 다 함께 휠체어에 탄 선수들이 경기하는 영상을 시청하면서 이야기를 나누어 보세요.
- 아픈 사람들이나 지역 병원을 떠올려 보세요. 그들이 하나님의 은혜로 병이 낫고, 예수님을 믿게 해 달라고 기도하세요.

❷ 나만의 기록장에 기록할 내용을 소개하고, 소그룹 활동지를 떼어 파일에 끼운 뒤 가방에 정리하게 한다.

❸ 아이들을 위해 기도한다.

인도자 하나님, 우리에게 용기를 주셔서 우리가 예수님을 전할 수 있게 해 주세요. 우리가 포기하지 않도록 도와주세요. 성령님의 인도하심을 따를 수 있도록 해 주세요. 예수님을 이 땅에 보내 우리를 죄에서 구원해 주셔서 감사해요. 예수님의 이름으로 기도합니다. 아멘.

❹ 아이를 데리러 온 부모에게 아이가 특별히 즐거워했거나 잘했던 활동들에 대해 이야기해 주고, 가정에서 성경 읽기와 가족 활동을 진행할 수 있도록 격려한다.

나만의 기록장

예수님을 전하고 싶은 장소를 그리고 기도하기

8

오직 그리스도

[행 15:1~35]

주제 예루살렘 교회가 이방인 성도들을 격려했어요.

예수님 생각하기 교회 지도자들은 '구원을 받으려면 무엇이 필요한가?'에 대해 의논했어요. 그들은 '오직 예수님을 믿음으로' 구원받을 수 있다는 데 의견을 모았어요. 예수님을 믿으면 누구든지 구원받아요.

단원 암송 행 1:8

성경의 초점 사람들은 예수님의 이야기를 어떻게 듣게 되나요?
하나님은 그리스도인들을 통해 다른 사람들에게 예수님을 전하세요.

본문 속으로

안디옥 성도들은 바울의 첫 번째 전도 여행 가운데 하나님을 찬양했습니다. 비록 바울과 바나바가 어떤 지역에서는 심하게 핍박을 받았지만, 많은 사람이 복음을 듣고 그리스도인이 되었습니다. 바울과 바나바는 유대인과 이방인 모두에게 복음을 전했습니다. 그러나 새로 예수님을 믿게 된 이방인 성도들이 구원을 받기 위해서는 모세의 율법을 지켜야 한다고 일부 유대인 그리스도인들이 주장하면서 문제가 생기기 시작했습니다.

바울과 바나바는 예루살렘을 방문해 교회 지도자들과 함께 이 문제를 논의했습니다. 과연 믿음만으로 구원받을 수 있는지, 아니면 믿음 외에 다른 무엇이 더 필요한지 말입니다. 베드로는 하나님이 유대인을 구원하신 것과 동일하게 이방인도 주 예수의 은혜로 구원하셨다고 주장했습니다. 바울과 바나바는 하나님이 이방인 가운데 행하신 표적과 기사들을 전했습니다. 하나님은 이방인에게도 성령을 부어 주셨습니다.

예루살렘 교회의 지도자 야고보도 아모스와 이사야 선지자의 말씀을 인용하며 이를 확증했습니다. 그 자리에 모인 사람들은 우리를 위해 죽으시고 부활하신 예수님만이 구원의 유일한 이유가 되신다는 데 동의했습니다. 불필요한 규정을 강요함으로써 이방인들이 구원받는 것을 어렵게 만들지 말아야 한다는 데 뜻을 모았습니다.

교회 지도자들은 유다와 실라 두 사람을 세워서 바울과 바나바와 함께 안디옥으로 보냈습니다. 그들은 교회가 이방인 성도들에게 쓴 편지를 가지고 갔습니다. 편지는 그리스도의 제자로서 따라야 할 지침과 함께 이방인 성도들을 격려하는 내용이었습니다.

이 편지의 내용은 매우 중요했습니다. 유대인이든 이방인이든 상관없이 구원은 오직 그리스도를 믿는 믿음을 통해서만 주어집니다. 어느 누구도 율법으로 구원을 얻을 수 없습니다. 오직 은혜로만 구원을 얻습니다.

●● 티칭 포인트

아이들을 가르칠 때 성경은 우리에게 그리스도인으로서 살아가는 법을 수없이 알려 주지만, 죄인은 오직 예수님의 은혜로만 의롭다 함을 얻는다는 사실을 강조하십시오. 구원은 선물입니다. 이 선물을 받기 위해 우리에게 필요한 것은 예수님뿐입니다.

이야기 성경

오직 그리스도

행 15:1~35

바울과 바나바는 유대인뿐만 아니라 유대인이 아닌 이방인들에게도 예수님을 전했어요. 많은 사람이 예수님을 믿었고, 교회는 점점 커졌어요. 하지만 교회의 어떤 사람들은 이방인들에게 유대인이 따르는 규칙을 지켜야만 구원받을 수 있다고 가르치기 시작했어요.

바울과 바나바는 이것이 잘못되었다는 것을 알았어요. 그들은 교회 지도자들과 함께 예루살렘에 모여서 무엇이 옳은지 이야기를 나누었어요. 베드로가 일어나서 교회 지도자들에게 유대인이 아닌 이방인들이 예수님에 대한 복음을 믿게 되었다는 소식을 전했어요. 하나님은 이방인들에게도 성령님을 주셨어요!

베드로는 유대인들도 하나님의 법을 완벽하게 지키지 못하면서 왜 유대인이 아닌 이방인들에게 그 법을 완벽하게 지키라고 하냐고 물었어요. 유대인과 이방인은 모두 같은 방법으로 구원을 받아요. 바로 예수님을 믿음으로 구원을 받는답니다.

바울과 바나바는 하나님이 어떻게 유대인과 이방인을 구원하셨는지를 이야기했어요. 그 후 야고보가 선지자들의 글에서 하나님이 유대인과 이방인을 모두 구원하기 원하셨음을 알 수 있다고 말했어요. 이것은 모두 하나님의 계획이었어요.

그래서 교회 지도자들은 이방인 성도들에게 편지를 썼어요. 그 편지에는 그들이 이제 예수님을 믿는 사람들로서 따라야 할 일과 격려하는 내용들을 적었지요. 바울과 바나바는 유다와 실라와 함께 안디옥으로 가서 편지를 전해 주었고 성도들은 기뻐했어요.

● ● 예수님 생각하기

교회 지도자들은 '구원을 받으려면 무엇이 필요한가?'에 대해 의논했어요 그들은 '오직 예수님을 믿음으로' 구원받을 수 있다는 데 의견을 모았어요. 예수님을 믿으면 누구든지 구원받아요.

이야기 TIP

- **예수님 안에서 하나 되기 :** 아이들을 2팀으로 나누어 앉힌다. 인도자를 기준으로 오른쪽에 앉은 아이들은 '이방인', 왼쪽에 앉은 아이들은 '유대인'이라고 역할을 정해 주고 성경 이야기를 들려준다. 성경 이야기에서 '유대인'이 나오면 오른손을, '이방인'이 나오면 왼손을, '예수'라는 말이 나오면 두 손 모두 높이 들어 올리게 한다. 성경 이야기가 끝난 뒤 인도자가 예수님 분장을 하고 '이방인'과 '유대인' 사이에 서서 "오직 예수님을 믿음으로 구원받아요!"라고 말하면 모두 일어서서 동그랗게 손잡고 서서 "오직 예수님을 믿음으로 구원받아요!"라고 외친다.
- **성경 시대 편지지 보여 주기 :** 파피루스나 양피지 등 성경 이야기의 배경이 되는 시대에 편지지로 썼던 재료들을 사진으로 보여 주거나 도화지와 색연필을 이용해 무형을 만들어 보여 주면서 성경 이야기를 들려준다.

가스펠 준비

싱글벙글 환영해요

"위대한 선물"(지도자용 팩)을 튼다. 아이들을 반갑게 맞이하며 헌금과 기도를 도와준다. 예배 중 헌금 순서가 있다면 아이들이 헌금을 잘 간수하도록 돕는다. 가방과 외투를 정리하도록 안내한다. 새로 온 아이가 있다면 음수대와 화장실의 위치를 알려 주고, 보호자와 만나는 시간과 방법 등을 소개한다. 보호자들을 위한 안내문을 붙여 아이와 만나는 시간, 기다리는 장소, 헌금 방법, 아이에 대한 특별한 주의 사항을 교사에게 미리 알려 달라는 당부 등을 공지한다.

너랑 나랑 마음 열기

주제와 관련 있는 퍼즐이나 블록 등 아이들이 좋아하는 장난감을 몇 가지 비치해 두고 다양한 활동을 하며 예배를 준비하도록 돕는다. 아이들이 마음을 열고 오늘의 주제에 관심을 갖게 하며 예배에 집중할 수 있도록 도와준다. 교회 형편에 맞게 시간과 활동 방법을 조절한다.

십자가 콜라주를 만들어요 *

준비물 ▶ 두꺼운 도화지, 안전 가위, 잡지(전단지), 풀, 라벨지, 사인펜

❶ 두꺼운 도화지를 십자가 모양으로 잘라 둔다.

❷ 아이들에게 잡지를 나누어 주고, 사람 얼굴을 찾아 안전 가위를 이용해 오리라고 한다.

❸ 풀을 이용해 ❶에 ❷를 붙여 '십자가 콜라주'를 완성하라고 한다.

tip 아이들이 가위질을 어려워하거나 시간이 부족한 경우 미리 가위로 오려 준비해 둔다.

❹ 완성된 '십자가 콜라주'에 사인펜으로 "모든 사람은 오직 하나님의 은혜로 구원받아요"라고 써 주거나 문구를 라벨지에 프린트해 붙여 준다.

인도자 우리에게 십자가는 예수님이 십자가에서 죽으시고 부활하셨다는 증거예요. 우리는 십자가를 통해 예수님이 우리를 죄에서 구원하기 위한 모든 일을 다 이루셨다는 사실을 기억하게 되지요. 사람은 무엇으로 구원받을까요? 누구나 예수님을 믿으면 구원받을 수 있어요. 모든 사람은 하나님의 은혜로 구원받아요. 오늘의 성경 이야기에서 교회 지도자들이 이 문제에 대해 어떤 이야기를 나누었을까요? 이방인 성도들에게 어떤 이야기를 들려주었을까요?

나만의 규칙을 만들어요 *

준비물 ▶ A4 용지, 연필

❶ 아이들에게 나만의 규칙을 만들어 종이에 글이나 그림으로 기록해 보자고 한다.

❷ 아이들이 창의적으로 생각할 수 있도록 격려하고, 도움을 주기 위해 규칙의 예를 들어 준다.

tip 규칙은 장난스러울 수도 있고, 진지할 수도 있다.

예) 장난감 나누어 쓰기, 매일 피자 먹기, 선생님이 말씀하실 때 조용히 하기, 매일 아침 일어나서 침대에서 뛰기 등.

인도자 많은 규칙은 대부분 좋은 규칙이에요. 특히 하나님이 주신 규칙은 우리가 잘 살 수 있도록 바른 길을 알려 주지요. 규칙은 우리가 어떻게 살아야 하는지에 대해 이야기해 준답니다. 하지만 규칙을 잘 지킨다고 우리가 구원받을 수 있을까요? 교회가 세워질 때 어떤 교회 지도자들은 이방인도 유대인과 같이 하나님의 법을 따라야만 구원받을 수 있다고 말했어요. 오늘의 성경 이야기에서 바울과 바나바는 교회 지도자들을 만나 무엇이 옳은지에 대해 이야기를 나누었어요. 자세히 들어 보아요.

지도자 회의의 참석자가 되어 보아요 *

준비물 ▶ 회의 참석자 복장(양복 상의, 셔츠, 안경 등), 의자와 원탁, 회의에 필요한 사무용품(메모지, 작동되지 않는 전자기기, 헤드셋, 장난감 컴퓨터, 연필 등)

❶ 원탁과 의자를 놓고 사무용품을 적절히 배치해 회의실 분위기를 만들어 둔다.

❷ 아이들을 회의 참석자 복장으로 갈아입히고 원탁 주변 의자에 앉힌다.

tip 한 주 전에 부모님께 회의 참석자 복장으로 입혀서 보내 주거나 옷을 준비해서 보내 달라고 부탁해도 좋다.

❸ 아이들에게 아주 중요한 회의에 참석한 것처럼 격식 있게 행동해야 한다고 말해 준다.

❹ 아이들 입장에서 심각하다고 생각되는 몇 가지 주제를 제시하고 이야기를 나누어 본다.

예) "유치부 예배를 드릴 때 규칙을 정해 봅시다", "친구들끼리 자꾸 싸우는데, 어떻게 해결할 수 있을까요?", "우리 유치부, 이러면 더 재밌을 것 같습니다" 등.

인도자 사람들은 중요한 이야기를 해야 할 때 회의를 하곤 해요. 오늘의 성경 이야기에서 바울과 바나바는 교회 지도자들과 함께 중요한 문제를 의논했어요. 회의의 주제는 "구원을 받으려면 무엇이 필요한가?"였어요. 교회 지도자들이 어떤 답변을 찾았는지 잘 들어 보세요.

예배 대형으로 모이기

- 카운트다운 영상, 모이기 노래 등을 활용해 예배 대형으로 바꾸고 마음을 준비하게 한다.
- 공간을 이동해야 한다면 간단한 리듬에 맞춰 손뼉을 치며 기도록 한다.

가스펠 설교

하나 — 들어가기

준비물 ▶ 포장지로 싼 선물

아이들에게 포장지로 싼 선물을 보여 주면서 질문한다.

선물은 언제 받지요? 선물은 왜 받지요? 아이들의 대답을 기다린다. 잘 대답해 주었어요. 그런데 선물은 누군가 값없이 주는 것이지, 우리가 노력해서 얻는 것이 아니에요. 하나님과 함께 영원히 사는 것은 하나님이 우리에게 주신 선물이에요. 우리가 노력해서 얻을 수 있는 것이 아니지요. 그 선물을 얻기 위해 우리에게 필요한 것은 예수님뿐이에요. 예수님은 십자가에서 죽으시고 부활하심으로써 우리를 구원하는 데 필요한 모든 일을 다 하셨어요. 오늘의 성경 이야기에서 교회 지도자들은 이 문제에 관한 이야기를 나누었어요.

둘 — 성경 이야기

DVD 사도행전 15장을 편다. 설교 영상(지도자용 팩)을 보여 주거나 이야기 성경을 들려준다.

성경은 사람이 어떻게 구원받을 수 있는지에 대해 알려 주어요. 성경은 하나님의 말씀이에요. 성경은 진리예요. 오늘의 성경 이야기는 신약성경의 '사도행전'에 나와요.

셋 — 메시지와 정리

예루살렘 교회가 이방인 성도들을 격려했어요. 어떤 사람들은 사람이 구원받으려면 예수님을 믿는 것 외에 다른 것이 더 필요하다고 말했어요. 하지만 그 말은 사실이 아니에요. 누구든지 예수님만 믿으면 구원받을 수 있어요. 구원받는 길은 오직 예수님뿐이에요.

DVD 연대표(지도자용 팩)를 가리키면서 복습 질문을 한다.

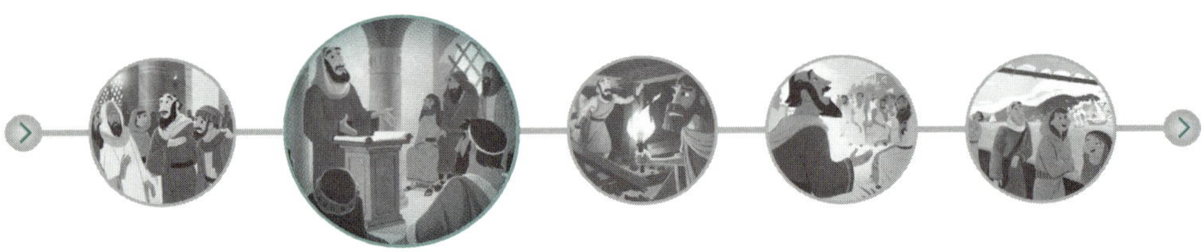

1. 바울과 바나바는 누구에게 예수님을 전했나요? 유대인인가요, 이방인인가요, 아니면 모두인가요? 유대인과 이방인 모두
2. 몇몇 사람들은 예수님을 따르는 이방인들이 하나님의 법을 어떻게 지켜야 한다고 생각했나요? 완벽하게

3. 하나님은 예수님의 복음을 믿는 사람들에게 무엇을 주셨나요? 성령님
4. 하나님의 법을 완벽하게 지킬 수 있는 사람이 있나요? 없다
5. 유대인과 이방인은 어떻게 구원받을 수 있나요? 하나님의 은혜로 예수님을 믿을 때

넷 — 성경의 초점

2단원의 '성경의 초점' 질문에도 답해 보세요. **"사람들은 예수님의 이야기를 어떻게 듣게 되나요?"** 아이들의 대답을 기다린다. 맞아요! 정말 잘 대답해 주었어요. **"하나님은 그리스도인들을 통해 다른 사람들에게 예수님을 전하세요."** 바울, 바나바, 베드로는 유대인과 이방인 모두에게 예수님에 대한 복음을 전했어요. 복음은 모두를 위한 거예요. 예수님을 믿는 사람은 누구나 구원받을 수 있어요. 하나님은 우리가 모든 사람에게 이 이야기를 전하기 원하세요!

다섯 — 복음 초청

성경과 48쪽 복음 초청 가이드를 이용해서 아이들에게 그리스도인이 되는 법을 설명해 준다. 따로 상담해 줄 사람을 정해 주고 궁금한 점이 있으면 물어보도록 격려한다.

이 시간 예수님을 믿고 마음에 모시고 싶은 친구는 함께 기도해요.

여섯 — 기도

우리에게 예수님을 주신 하나님, 감사해요. 우리를 통해 다른 사람들에게 복음이 전해지게 되어 감사해요. 누구든지 예수님만 믿으면 구원을 얻는다는 귀한 진리를 마음속에 잘 새기게 해 주세요. 우리의 구원의 선물이신 예수님을 더욱 사랑하게 해 주세요. 예수님의 이름으로 기도합니다. 아멘.

일곱 — 암송송

성경에서 사도행전 1장 8절을 펴고 큰 소리로 여러 번 따라 읽게 한다.

'땅끝까지'라는 말은 무슨 뜻일까요? 아이들의 대답을 기다린다. '땅끝까지'라는 말은 이 세상의 모든 곳을 가리켜요. 예수님은 모든 사람에게 예수님이 우리의 죄 때문에 대신 죽으시고 부활하셨다는 좋은 소식이 전해지기를 원하세요!

암송송(137쪽)에 맞추어 손유희를 하며 말씀을 익힌다.

"오직 성령이 너희에게 임하시면 너희가 권능을 받고 예루살렘과 온 유대와 사마리아와 땅끝까지 이르러 내 증인이 되리라 하시니라"(행 1:8).

가스펠 소그룹

알콩달콩 말씀 놀이

구원을 받는 방법은 무엇인가요?

준비물 ▶ 유치부 교재 18쪽, 149쪽 '여러 행동' 그림(또는 지도자용 팩), 사인펜

이야기 나누기

- 하나님이 유대인이 아닌 이방인에게도 성령님을 주시고, 그들도 구원해 주신 이유가 무엇인가요?
- 바울과 바나바는 구원을 받으려면 무엇이 필요하다고 가르쳤나요?
- 나를 구원해 주시는 분은 누구신가요?

❶ 아이들에게 구원을 받으려면 무엇이 필요한지 물어본다.

❷ 미로에 있는 그림들을 살펴보며 '힘', '똑똑함', '돈'으로 구원받을 수 있는지 생각해 보게 한다.

❸ 149쪽 '여러 행동' 그림을 보여 주고 '도와주기', '약속 지키기'와 같은 착한 행동으로 구원받을 수 있는지 물어본다.

❹ 구원은 오직 예수님을 믿는 '믿음'으로만 받는다는 것을 확인하고, '믿음'이라는 글자를 눈여겨보게 한다.

❺ 미로를 통과하면서 오직 '믿음'만 따라가 '구원'에 도착하도록 한다.

❻ 아이들이 모두 '구원'에 도착하면 다 함께 "오직 믿음으로 구원을 받아요!"라고 외치게 한다.

인도자 우리는 옳은 행동을 하기도 하고, 잘못된 행동을 하기도 해요. 그러나 어떤 것으로도 죄에서 구원받을 수 없어요. 예수님만이 우리를 구원하실 수 있어요. 우리 죄를 대신 지고 십자가에서 죽으시고 다시 살아나신 예수님을 믿는 믿음으로 우리는 구원을 받아요. 교회가 세워지던 당시의 지도자들은 '오직 예수님을 통해서만 구원받을 수 있다'는 데 의견을 모았어요. **예루살렘 교회는** 이 사실을 전함으로 **이방인 성도들을 격려했어요.** 예수님을 믿으면 누구든지 구원받아요.

"THE B-I-B-L-E" 찬양을 해요 *

준비물 ▶ "THE B-I-B-L-E" 악보, 음원(www.youtube.com/watch?v=s7nurxYcelM), 음원을 재생할 수 있는 도구(스마트폰, 컴퓨터 등)

"THE B-I-B-L-E"(원문)

Yes, that's the book for me! / I stand alone on the word of God, / The B-I-B-L-E.

"THE B-I-B-L-E"(한글)

하나님의 말씀 / 그 말씀 위에 서리 / The B-I-B-L-E.

❶ 아이들과 함께 "THE B-I-B-L-E" 찬양을 들어 본다.

❷ 찬양 리듬에 맞춰 손뼉 치기와 발 구르기를 하거나 아이들과 함께 찬양 율동을 만들어 배워 본다.

tip 인터넷에서 검색할 때 원문 가사를 이용해야 쉽게 찾을 수 있다.

인도자 교회 지도자들이 한자리에 모였을 때 야고보는 선지자들이 한 말이 '하나님이 유대인과 이방인 모두를 구원하기 원하신다'는 것을 나타낸다고 이야기했어요. 맞아요! 유대인과 이방인 모두를 구원하시는 것이 하나님의 계획이에요! 성경은 누구든지 예수님을 믿으면 구원받는다고 우리에게 알려 주어요.

십자가를 전달해요 *

준비물 ▶ 손에 쥘 수 있는 크기의 십자가 모형 2개

❶ 아이들을 마주보고 둥글게 앉히고, 인도자가 십자가를 한 아이에게 전달한다.

❷ 십자가를 받은 아이는 일어서서 자신이 받은 십자가를 다른 아이에게 천천히 전달하고 제자리에 앉으면 된다고 말해 준다.

❸ 인도자는 십자가가 누구에게서 누구에게로 전달되었는지를 이야기해 준다.

예) "○○○(아이의 이름)가 십자가를 △△△(아이의 이름)에게 전달했어요."

❹ 처음에는 십자가 1개를 전달하다가 익숙해지면 2개를 동시에 전달한다.

인도자 **사람들은 예수님의 이야기를 어떻게 듣게 되나요?** 예수님의 복음을 먼저 믿게 된 다른 사람들이 전해 주었기 때문이에요. **하나님은 그리스도인들을 통해 다른 사람들에게 예수님을 전하세요.** 게임을 하면서 십자가가 나에게서 다른 사람에게 전달되었듯이, 구원도 우리를 통해 다른 사람들에게 전달되어요. 우리 모두 복음을 전하는 사람이 되어요!

우리 교회 지도자들에게 편지를 써요 *

준비물 ▶ 편지지, 다양한 필기도구(연필, 사인펜, 색연필, 크레용 등), 편지봉투, 우표

❶ 아이들에게 편지지와 다양한 필기도구를 나누어 주고 우리 교회 지도자들에게 편지를 쓰자고 한다.

❷ 편지지에 그림을 그리거나 "복음을 가르쳐 주셔서 감사해요"라는 글을 써 보라고 한다.

tip 글씨를 쓰지 못하는 아이가 있다면 인도자가 대신 써 준다.

❸ ❷를 편지봉투에 넣고, 교회 지도자들에게 직접 전달하거나 주소를 적고 우표를 붙여 우편함에 넣는다.

인도자 **예루살렘 교회가 이방인 성도들을 격려했어요.** 교회 지도자들은 이방인 성도들에게 편지를 보내며 믿는 사람으로서 따라야 할 일과 격려하는 말을 전했어요. 복음의 진리는 정확하게 잘 전달되어야 해요. '예수님만이 우리를 구원하실 수 있다'는 진리가 교회 지도자들을 통해 잘 가르쳐져야 해요. 우리도 우리에게 복음을 가르쳐 주는 교회 지도자들을 격려할 수 있어요. 이 편지가 그분들께 큰 힘이 될 거예요.

소곤소곤 꿀~꺽 간식

준비물 ▶ 다양한 모양의 과자(막대 과자, 직사각형 모양의 비스킷, 동그란 모양의 크래커 등), 접시, 과일 주스

❶ 카운트다운 영상, 정리하기 노래 등을 활용해 활동이 끝났음을 알린다. 아이들에게 주변을 정리하게 하고, 화장실에 가거나 물티슈 등을 이용해 손을 씻을 시간을 준다.

❷ 감사 기도를 드리고 다양한 모양의 과자와 과일 주스를 간식으로 나누어 준다. 과자를 모양에 따라 나누어 보라고 한다. 모양은 다르지만 모두 똑같이 과자라고 말해 준다. 오늘의 성경 이야기에서 유대인과 이방인에게는 다른 규칙이 있었지만 모두 하나님의 은혜로 예수님을 통해 구원을 얻는다는 사실을 떠올려 준다.

❸ 간식을 먹은 후 마무리 정리를 잘하도록 지도한다.

오순도순 마무리

준비물 ▶ 유치부 교재 39쪽 메시지 카드, 소그룹 활동지, 파일

❶ 이번 주 메시지 카드로 부모님과 함께 오늘 배운 성경 이야기를 나누어 보라고 한다.

가족과 활동해요

- 이번 주에 아이들을 훈육하면서 아이들은 완벽하게 순종할 수 없다는 것을 기억하게 하세요. 그리고 우리를 대신해 완벽하게 순종하신 예수님을 생각해 보는 시간을 가지세요.
- 교회 지도자들을 격려하는 메모를 써 보세요.

❷ 나만의 기록장에 기록할 내용을 소개하고, 소그룹 활동지를 떼어 파일에 끼운 뒤 가방에 정리하게 한다.

❸ 아이들을 위해 기도한다.

인도자 하나님, 하나님 아버지의 하나뿐인 아들, 예수님을 이 땅에 보내 주시고 우리를 죄에서 구원해 주셔서 감사해요. 우리는 하나님께 사랑받으려고 노력할 필요가 없어요. 하나님은 예수님을 사랑하시듯 우리를 사랑하세요. 우리가 하나님을 온전히 믿도록 도와주세요. 예수님의 이름으로 기도합니다. 아멘.

❹ 아이를 데리러 온 부모에게 아이가 특별히 즐거워했거나 잘했던 활동들에 대해 이야기해 주고, 가정에서 성경 읽기와 가족 활동을 진행할 수 있도록 격려한다.

나만의 기록장

'믿음'이라고 쓰고 콜라주로 꾸미기

9

바울의 두 번째 전도 여행

〔 행 16:11~34 〕

주제 바울과 실라가 "주 예수를 믿으라 그리하면 너와 네 집이 구원을 받으리라"라고 말했어요.

예수님 생각하기 루디아와 간수와 많은 사람이 구원을 받았어요. 복음을 듣고 예수님을 믿었기 때문이에요. 바울과 실라는 누구에게나 같은 이야기를 전했어요. "주 예수를 믿으라 그리하면 너와 네 집이 구원을 받으리라"(행 16:31).

단원 암송 행 1:8

성경의 초점 사람들은 예수님의 이야기를 어떻게 듣게 되나요?
하나님은 그리스도인들을 통해 다른 사람들에게 예수님을 전하세요.

본문 속으로

바울은 시리아의 안디옥 교회에서 사람들을 가르쳤습니다. 교회는 루스드라와 더베 지역의 유대인과 이방인에게 복음이 전해지도록 바울과 바나바를 파송했습니다. 전도 여행 후 바울과 바나바는 안디옥 교회로 돌아왔습니다.

시간이 흘러 바울은 첫 번째 전도 여행 때 들렀던 도시들을 다시 방문해 성도들이 잘 지내고 있는지 알아보기로 했습니다. 실라가 바울의 두 번째 전도 여행에 동참했습니다. 그들은 시리아와 길리기아 지방을 다니며 성도들을 위로하고 교회들을 든든하게 했습니다. 교회 안에 믿는 자의 수가 날마다 늘어났습니다.

주님은 바울과 실라가 마케도니아로 건너가도록 이끄셨고, 그들은 순종했습니다. 바울이 마케도니아에 있는 동안 두 가지 큰 사건이 일어났습니다.

첫 번째로 루디아라는 여인이 예수님을 믿게 되었습니다. 바울과 실라는 기도할 곳을 찾아 강가로 나갔다가 그곳에서 루디아를 만나 이야기를 나누었는데, 하나님은 루디아의 마음을 열어 복음에 반응하게 하셨습니다.

두 번째로 감옥의 간수가 예수님을 믿게 되었습니다. 어느 날 바울은 점을 치는 여종에게서 귀신이 떠나가게 했습니다. 이로 인해 바울과 실라는 감옥에 갇혔습니다. 그런데 한밤중에 지진이 일어나 흔들리더니 감옥 문이 모두 열렸습니다. 또 죄수들을 묶고 있던 쇠사슬도 풀렸습니다.

죄수들이 모두 도망한 줄로 생각한 간수는 절망했습니다. 바울이 "우리가 다 여기 있노라"라고 외치기 전까지 간수는 스스로 목숨을 끊으려 했습니다. 그는 바울과 실라에게 구원받으려면 어떻게 해야 하는지 물었습니다. 바울과 실라는 "주 예수를 믿으라 그리하면 너와 네 집이 구원을 받으리라"라고 말했습니다. 그와 가족은 예수님을 믿었고 세례를 받았습니다.

●● 티칭 포인트

루디아와 간수와 많은 사람이 복음을 듣고 예수님을 믿어 구원받았습니다. 바울과 실라는 복음을 많은 사람에게 전했습니다. 복음을 듣는 사람이 누구든 상관없이 "주 예수를 믿으라 그리하면 너와 네 집이 구원을 받으리라"라고 선포했습니다. 이것은 오늘날 우리에게도 적용된다는 것을 아이들에게 가르쳐 주십시오.

이야기 성경

바울의 두 번째 전도 여행

행 16:11~34

하나님은 바울이 예수님을 전하는 두 번째 전도 여행을 떠나게 하셨어요. 이번에는 실라도 함께 갔어요. 바울은 빌립보라는 도시에 머물렀어요.

바울은 기도하기 위해 강가로 갔고, 그곳에서 몇몇 여인들과 이야기를 나누었어요. 그들 중에 루디아라는 여인이 있었어요. 루디아는 자주색 옷감을 파는 사람이었지요. 루디아와 그 집안 사람이 바울이 전하는 예수님을 믿었어요. 그리고 세례를 받았어요.

또 다른 날, 바울과 실라는 기도하러 가다가 한 여종을 만났어요. 그 여종은 귀신이 들려 미래를 점치는 일을 하고 있었어요. 여종 덕분에 주인들은 많은 돈을 벌었지요. 여종은 바울과 실라를 따라오며 "이 사람들은 지극히 높은 하나님의 종이다!"라고 소리쳤어요. 바울이 귀신에게 말했어요. "예수 그리스도의 이름으로 명령한다. 그에게서 당장 나와라!" 그러자 귀신이 여종에게서 나왔어요.

이제 여종이 더 이상 점을 칠 수 없게 되자 주인들은 단단히 화가 났어요. 그들은 바울과 실라를 붙잡아 감옥에 가두어 버렸어요.

바울과 실라는 감옥에서도 하나님께 기도하고 찬양했어요. 한밤중이었어요. 다른 죄수들도 그들의 기도와 찬양 소리를 들었지요. 그때 갑자기 큰 지진이 나더니 감옥이 흔들렸어요. 감옥 문이 열리고 죄수들을 묶었던 사슬도 모두 풀렸어요!

감옥을 지키던 간수는 모든 죄수가 도망쳤다고 생각했어요. 그러자 바울은 "우리가 다 여기 있소!" 하고 말했어요. 간수는 두려움에 떨며 "선생님, 제가 구원받으려면 어떻게 해야 합니까?"라고 물었어요. 바울은 "주 예수를 믿으십시오. 그러면 구원을 받습니다"라고 말했어요. 두 사람은 간수와 그의 집안 사람들에게 복음을 전했어요. 그들은 모두 예수님을 믿고 세례를 받았어요. 다음 날 간수는 바울과 실라를 풀어 주었어요.

●● 예수님 생각하기

루디아와 간수와 많은 사람이 구원을 받았어요. 복음을 듣고 예수님을 믿었기 때문이에요. 바울과 실라는 누구에게나 같은 이야기를 전했어요. "주 예수를 믿으라 그리하면 너와 네 집이 구원을 받으리라"(행 16:31).

이야기 TIP

DVD

- **지도 보여 주기 :** 바울의 2차 전도 여행 지도(지도자용 팩)에서 바울의 여행 경로를 따라가 본다.
- **지진 체험하기 :** 아이들을 커다란 카펫(천) 위에 앉힌다. 바울과 실라가 기도하고 찬양할 때 갑자기 큰 지진이 감옥을 흔들었다는 성경 이야기를 들려줄 때 선생님 몇 명이 카펫을 잡고 마치 지진이 난 것처럼 흔든다.

싱글벙글 환영해요

DVD "위대한 선물"(지도자용 팩)을 튼다. 아이들을 반갑게 맞이하며 헌금과 기도를 도와준다. 예배 중 헌금 순서가 있다면 아이들이 헌금을 잘 간수하도록 돕는다. 가방과 외투를 정리하도록 안내한다. 새로 온 아이가 있다면 음수대와 화장실의 위치를 알려 주고, 보호자와 만나는 시간과 방법 등을 소개한다. 보호자들을 위한 안내문을 붙여 아이와 만나는 시간, 기다리는 장소, 헌금 방법, 아이에 대한 특별한 주의 사항을 교사에게 미리 알려 달라는 당부 등을 공지한다.

너랑 나랑 마음 열기

주제와 관련 있는 퍼즐이나 블록 등 아이들이 좋아하는 장난감을 몇 가지 비치해 두고 다양한 활동을 하며 예배를 준비하도록 돕는다. 아이들이 마음을 열고 오늘의 주제에 관심을 갖게 하며 예배에 집중할 수 있도록 도와준다. 교회 형편에 맞게 시간과 활동 방법을 조절한다.

찬양을 해요 *

준비물 ▶ 아이들에게 익숙한(율동 포함) 찬양 음원, 음원을 재생할 수 있는 도구(스마트폰, CD플레이어 등), 천(긴 끈, 마라카스, 리듬악기 등)

❶ 아이들에게 익숙한 찬양을 틀고 율동을 하면서 불러 본다.

❷ 천을 나눠 주고 찬양에 맞춰 흔들어 보라고 한다.

인도자 찬양은 정말 즐거워요! 우리는 행복할 때 찬양을 불러요. 오늘의 성경 이야기에서 바울과 실라도 찬양을 불렀어요. 그런데 그들이 찬양을 부른 장소는 아주 특별했어요. 오늘의 성경 이야기를 잘 듣고 바울과 실라가 어디에서 찬양했는지 알아보아요.

옷감을 가지고 놀이해요 *

준비물 ▶ 사용하지 않는 스카프(보자기, 목도리 등), 흰색·자주색 천

❶ 사용하지 않는 스카프를 이용해 다양한 활동을 해 본다.

예) 옷 만들어 입기, 머리에 두건처럼 두르기, 매직으로 그림 그리기, 빨래 널기, 친구 태우고 이동하기, 눈 가리고 술래잡기 하기, 투우사 놀이 하기, 림보 게임 하기, 멀리 던지기 게임 등.

인도자 오늘의 성경 이야기에는 루디아라는 여인이 나와요. 루디아는 자주색 옷감을 팔았어요. 옛날에는 대부분의 사람들이 흰색 천으로 옷을 만들어 입었어요. 아이들에게 흰

색 천을 보여 준다. 왜냐하면 흰색 실에 염색을 해서 색깔 천을 만드는데, 색깔 천은 흰색 천보다 더 비쌌거든요. 여러 가지 색 중에 자주색은 염색하기 아주 힘든 색이었어요. 아이들에게 자주색 천을 보여 준다. 자주색을 염색할 재료를 구하는 것은 어려웠거든요. 그래서 부자, 왕, 지위가 높은 사람들만 자주색 옷감을 살 수 있었어요. 이처럼 비싼 자주색 옷감을 파는 사람인 루디아는 얼마나 부자였을까요? 루디아는 부자이거나 아주 지위가 높은 사람들에게 옷을 파는 사람이었어요. 바울이 지나가다가 만날 수 있는 사람이 아니었지요. 하지만 하나님이 만나게 해 주셨어요! 루디아는 강가로 기도하러 나온 바울과 실라를 만났어요. 바울과 실라가 루디아에게 예수님을 전했을 때 어떤 일이 일어났는지 알아보아요.

교통수단 퍼즐을 맞춰요 *

준비물 ▶ '교통수단 퍼즐'(지도자용 팩)

❶ '교통수단 퍼즐'(지도자용 팩)을 여러 세트 준비해 아이들에게 한 세트씩 나누어 준다.

❷ 아이들이 '교통수단 그림 퍼즐'을 맞추는 동안 인도자 멘트를 한다.

인도자 하나님은 바울과 실라가 여러 번의 전도 여행을 통해 사람들에게 예수님에 대한 복음을 전하게 하셨어요. 바울은 대부분 걷거나 배로 여행했어요. **바울과 실라가 "주 예수를 믿으라 그리하면 너와 네 집이 구원을 받으리라"라고 말했어요.** 그들이 어떤 사람들에게 복음을 전했는지 잘 들어 보세요.

예배 대형으로 모이기

- 카운트다운 영상, 모이기 노래 등을 활용해 예배 대형으로 바꾸고 마음을 준비하게 한다.
- 공간을 이동해야 한다면 바울과 실라처럼 신 나게 찬양하며 가도록 한다.

가스펠 설교

하나 — 들어가기

유치부 선생님들 중에서 한 분을 선택하고, 아이들에게 그 선생님을 어디서, 어떻게 처음 만났는지에 관해 이야기해 준다.

하나님은 바울이 여러 전도 여행을 가게 하셨고, 그 여행에서 많은 사람을 만나게 하셨어요. 바울과 실라는 누구든지 상관없이 모든 사람에게 같은 이야기를 전했어요. "주 예수를 믿으라 그리하면 너와 네 집이 구원을 받으리라." 오늘의 성경 이야기에서 바울이 누구를 만났는지 잘 들어 보세요.

둘 — 성경 이야기

DVD 사도행전 16장을 편다. 설교 영상(지도자용 팩)을 보여 주거나 이야기 성경을 들려준다.

성경은 하나님이 우리에게 주신 말씀이에요. 하나님의 말씀은 모두 진리랍니다. 오늘의 성경 이야기는 신약성경의 '사도행전'에 나와요.

셋 — 메시지와 정리

바울과 실라가 "주 예수를 믿으라 그리하면 너와 네 집이 구원을 받으리라"라고 말했어요. 그들은 강가에서 만난 여인 루디아에게 복음을 전했고, 루디아는 복음을 믿었어요. 바울과 실라는 죄수들이 도망갔을까 봐 두려워하던 간수에게 복음을 전했고, 간수도 복음을 믿었어요. 바울과 실라는 어려운 상황에서도 예수님에 대한 복음을 듣고자 하는 모든 사람에게 복음을 전했어요.

DVD 연대표(지도자용 팩)를 가리키면서 복습 질문을 한다.

1. 바울이 강가에서 만난 사람으로서, 예수님을 믿고 온 집안 사람이 세례를 받은 가정은 누구의 가정인가요? 루디아
2. 바울과 실라가 감옥에 갇혀 있을 때 어떠한 일이 일어났나요? 바울과 실라가 찬양하자 지진이 일어나 문이 열리고 죄수들의 사슬이 풀어졌다
3. 죄수들은 감옥에서 도망갔나요? 아니다

4. 간수는 바울과 실라에게 무엇을 물었나요? "선생님, 제가 구원받으려면 어떻게 해야 합니까?"

5. 간수는 예수님에 대한 복음을 믿었나요? 믿고 세례를 받았다

넷 — 성경의 초점

"사람들은 예수님의 이야기를 어떻게 듣게 되나요?", "하나님은 그리스도인들을 통해 다른 사람들에게 예수님을 전하세요." 2단원의 '성경의 초점'이지요! 하나님은 바울과 실라가 루디아, 간수, 그리고 많은 사람에게 예수님에 대한 복음을 전하게 하셨어요. 바울과 실라는 장사하는 사람이든, 누군가의 종이든, 감옥을 지키는 사람이든 상관없이 모든 사람에게 같은 이야기를 전했어요. "주 예수를 믿으라 그리하면 너와 네 집이 구원을 받으리라"(행 16:31). 우리도 많은 사람에게 같은 이야기를 전할 수 있어요!

다섯 — 복음 초청

성경과 48쪽 복음 초청 가이드를 이용해서 아이들에게 그리스도인이 되는 법을 설명해 준다. 따로 상담해 줄 사람을 정해 주고 궁금한 점이 있으면 물어보도록 격려한다.

이 시간 예수님을 믿고 마음에 모시고 싶은 친구는 함께 기도해요.

여섯 — 기도

하나님, 하나님은 우리처럼 예수님을 믿는 사람들을 통해 다른 사람들에게 예수님을 전하세요. 이 사실을 우리에게 알려 주셔서 감사해요. 우리도 바울과 실라처럼 많은 친구에게 복음을 전할게요. 하나님, 우리가 예수님을 알게 해 주셔서 정말 감사해요. 예수님, 사랑해요. 예수님의 이름으로 기도합니다. 아멘.

일곱 — 암송송

성경에서 사도행전 1장 8절을 펴고 큰 소리로 여러 번 따라 읽게 한다.

2단원 암송 구절은 예수님이 제자들에게 주신 정말 중요한 명령인 선교에 대해 떠올려 주어요. 하나님이 우리에게 주신 사명은 온 세계에 살고 있는 사람들에게 "예수님이 사람들을 죄에서 구원하기 위해 죽으시고 부활하셨다"는 좋은 소식을 전하는 거예요.

암송송(137쪽)에 맞추어 손유희를 하며 말씀을 익힌다.

"오직 성령이 너희에게 임하시면 너희가 권능을 받고 예루살렘과 온 유대와 사마리아와 땅끝까지 이르러 내 증인이 되리라 하시니라"(행 1:8).

알콩달콩 말씀 놀이

루디아가 예수님을 믿었어요

준비물 ▶ 유치부 교재 20쪽, 초록색·자주색·갈색 크레파스

이야기 나누기
- 그림 속 여자들에게 예수님을 전해 준 사람은 누구인가요?
- 나에게 예수님을 전해 준 사람은 누구인가요?
- 내가 예수님을 전해 준 사람이 있나요? 있다면 이야기해 보세요.

❶ 아이들에게 그림에서 숫자 1은 초록색, 숫자 2는 자주색, 숫자 3은 갈색 크레파스로 색칠하라고 하고, 어떤 장면인지 함께 이야기를 나누어 보는 시간을 갖는다.

인도자 바울과 실라는 하나님의 부르심을 받아 두 번째 전도 여행을 떠났어요. 자주색 옷감을 파는 루디아를 만나 복음을 전했고, 감옥을 지키는 간수와 그의 가족들에게도 복음을 전했어요. **바울과 실라가 "주 예수를 믿으라 그리하면 너와 네 집이 구원을 받으리라"라고 말했어요.**

"나는 누구일까요?" *

준비물 ▶ 유치부 교재 33쪽 손가락 인형(바울, 루디아, 실라, 간수), 셀로판테이프

❶ 유치부 교재 33쪽 손가락 인형을 떼어 셀로판테이프를 이용해 붙인다.

❷ 손가락 인형 4개를 오른손과 왼손 검지와 새끼손가락(또는 약지)에 각각 끼우라고 한다.

❸ 인도자가 각 인물을 설명하는 문장을 말해 주면, 아이들에게 해당 인물이 그려진 손가락 인형을 들어 정답을 맞혀 보라고 한다.

예) • "나는 지진이 일어났을 때 모든 죄수가 도망쳤을까 봐 겁이 났어요. 바울과 실라는 나에게 예수님을 전했고, 나는 예수님을 믿었어요. 나는 누구일까요?" 간수

• "나는 친구인 바울과 함께 다른 사람들에게 예수님을 전하러 전도 여행을 떠났어요. 나는 누구일까요?" 실라

• "나는 자주색 옷감을 파는 사람이에요. 강가에서 바울과 실라를 만났어요. 그들이 나에게 예수님을 전해 주었고 나는 예수님을 믿었어요. 나는 누구일까요?" 루디아

• "나는 여러 차례 전도 여행을 다니면서 사람들에게 복음을 전했어요. 나는 누구일까요?" 바울

인도자 **바울과 실라가 "주 예수를 믿으라 그리하면 너와 네 집이 구원을 받으리라"라고 말했어요.** 루디아와 간수와 많은 사람이 구원을 받았어요. 복음을 듣고 예수님을 믿었기 때문이에요. 바울과 실라는 누구에게나 같은 이야기를 전했어요. "주 예수를 믿으라 그리하면 너와 네 집이 구원을 받으리라"(행 16:31).

손가락 인형으로 역할극을 해요 *

준비물 ▶ "나는 누구일까요?"에서 활동했던 손가락 인형(바울, 실라, 간수), 검은색 도화지, 가위(커터칼)

❶ 검은색 도화지에 길쭉한 직사각형 모양의 구멍을 여러 개 내어 감옥 창살 배경을 만든다.
❷ 아이들 3명에게 '바울', '실라', '간수'의 역할을 각각 맡긴다.
❸ 오늘의 성경 이야기를 배경으로 역할극을 해 보라고 한다.

인도자 바울과 실라가 감옥에 있는 동안 갑자기 큰 지진이 나더니 감옥이 흔들렸어요. 감옥문이 열리고 죄수들을 묶었던 사슬도 모두 풀렸어요! 감옥을 지키던 간수는 자다가 깨서는 죄수들이 모두 도망쳤다고 생각했어요. 간수는 두려움에 떨며 바울과 실라에게 구원받으려면 어떻게 해야 하는지를 물었어요. **바울과 실라가 "주 예수를 믿으라 그리하면 너와 네 집이 구원을 받으리라"라고 말했어요.**

"바울과 실라" 찬양을 하고 게임을 해 보아요 *

❶ "동 동 동대문을 열어라" 동요를 개사해 부르면서 '동 동 동대문을 열어라' 게임을 해 본다.
❷ 2명의 선생님이 두 손을 맞잡은 채 높이 들어 '대문'을 만든다. 아이들은 인도자 뒤로 한 줄로 선 채 '대문' 아래를 걸어서 지나간다.

예) • 1절 : "예수님을 밤낮으로 전했어요 / 예수님을 밤낮으로 전했어요 / 누가누가 예수님을 / 전-했-을-까-요? / 바울과 실라![두 손을 맞잡아 만든 '대문'을 아래로 내려 아이를 잠깐 가둔 후 2절을 시작할 때 풀어 준다]"
• 2절 : "그들을 감옥에 가뒀어요 / 그들을 감옥에 가뒀어요 / 누가누가 감옥에 / 갇-혔-을-까-요? / 바울과 실라![두 손을 맞잡아 만든 '대문'을 아래로 내려 아이를 잠깐 가둔 후 3절을 시작할 때 풀어 준다]"
• 3절 : "모든 죄수가 풀려났어요 / 모든 죄수가 풀려났어요 / 누가누가 바울과 실라를 / 풀-어-주-셨-나-요? / 하나님![모두 양팔을 높이 올려 하나님을 찬양하며 마무리한다]"

tip 대그룹으로 진행한다. 반주에 맞춰 인도자, 선생님들이 함께 찬양하고 아이들이 적극적으로 참여하게 한다.

인도자 바울과 실라는 감옥에 갇혔어요. 하지만 하나님은 그들이 찬양할 때 지진을 일으켜서 풀어 주셨어요. 그런데 놀랍게도, 그들은 감옥에서 도망쳐 나오지 않았어요. 감옥 안에 있으면서 간수에게 예수님을 전했지요.

소곤소곤 꿀~꺽 간식

준비물 ▶ 바(Bar) 모양의 간식, 우유

❶ 카운트다운 영상, 정리하기 노래 등을 활용해 활동이 끝났음을 알린다. 아이들에게 주변을 정리하게 하고, 화장실에 가거나 물티슈 등을 이용해 손을 씻을 시간을 준다.

❷ 감사 기도를 드리고 바 형태의 간식과 우유를 나누어 준다. 바 형태의 간식은 여행을 떠날 때 가져가기 좋다고 설명해 준다. 하나님은 바울이 여러 번의 전도 여행을 통해 많은 사람에게 예수님에 대한 복음을 전하게 하셨다고 이야기한다. 바울과 실라를 통해 루디아, 간수, 그리고 많은 사람이 구원을 얻었다고 말해 준다.

❸ 간식을 먹은 후 마무리 정리를 잘하도록 지도한다.

오순도순 마무리

준비물 ▶ 유치부 교재 39쪽 메시지 카드, 소그룹 활동지, 파일

❶ 이번 주 메시지 카드로 부모님과 함께 오늘 배운 성경 이야기를 나누어 보라고 한다.

가족과 활동해요

- 흰색 천을 자주색으로 홀치기염색을 하고, 루디아에 대해 기록된 사도행전 16장을 다 같이 읽어 보세요.
- 복음을 전한다는 이유로 감옥에 갇히거나 죽임을 당한 선교사님의 이야기를 찾아서 읽어 보세요.

❷ 나만의 기록장에 기록할 내용을 소개하고, 소그룹 활동지를 떼어 파일에 끼운 뒤 가방에 정리하게 한다.

❸ 아이들을 위해 기도한다.

인도자 하나님, 예수님이 십자가에서 죽으시고 부활하신 것은 세상에서 가장 좋은 소식이에요. 그리고 우리가 구원받을 수 있는 오직 하나뿐인 길이기도 해요. 우리가 모든 사람에게 예수님을 전해서 그들도 우리처럼 구원받을 수 있게 도와주세요. 예수님의 이름으로 기도합니다. 아멘.

❹ 아이를 데리러 온 부모에게 아이가 특별히 즐거워했거나 잘했던 활동들에 대해 이야기해 주고, 가정에서 성경 읽기와 가족 활동을 진행할 수 있도록 격려한다.

나만의 기록장

아직 예수님을 믿지 않는 가족 그리기

10 바울이 아테네에서 복음을 전했어요

[행 17:16~34]

주제 바울은 아테네 사람들에게 오직 한 분이신 진짜 하나님을 전했어요.

예수님 생각하기 바울은 아테네 사람들에게 오직 한 분이신 진짜 하나님을 전했어요. 바울은 예수님이 십자가에서 죽으시고 부활하셨다고 말했어요. 우리가 하나님을 알게 된 이유는 예수님이 우리를 하나님의 가족으로 이끄셨기 때문이에요.

단원 암송 행 1:8

성경의 초점 사람들은 예수님의 이야기를 어떻게 듣게 되나요?
하나님은 그리스도인들을 통해 다른 사람들에게 예수님을 전하세요.

본문 속으로

빌립보에서 감옥에 갇혔던 바울과 실라가 풀려났습니다. 바울과 실라는 도시를 떠나기 전에 루디아의 집에서 성도들을 만나 그들을 위로했습니다. 그 후 데살로니가로 갔습니다. 회당에 들어가 예수님이 그리스도라는 사실을 유대인들에게 전했습니다. 많은 헬라인과 귀부인이 예수님을 믿게 되었습니다.

오래지 않아 그 도시의 유대인들은 바울과 실라를 시기하기 시작했고, 강제로 그들을 도시에서 떠나게 했습니다. 그러나 유대인들이 바울의 가르침에 반대했음에도 불구하고 데살로니가에는 성도 수가 점점 늘었고 교회도 세워졌습니다.

다음으로 바울은 베뢰아로 갔습니다. 그곳에서도 많은 사람이 복음을 듣고 믿게 되었습니다. 하지만 데살로니가에서 따라온 유대인들이 훼방했고, 바울은 아테네(아덴)로 옮겨 갔습니다. 베뢰아에서 320km 정도 떨어진 곳에 위치한 아테네는 문화의 중심지였습니다. 아테네 사람들은 최신 사상과 지식에 관해 듣고 연구하기를 즐겼습니다. 아테네의 유대인들과 철학자들은 바울의 말에 흥미를 보였지만, 바울은 그가 본 것들로 인해 격분했습니다. 아테네 사람들은 수많은 우상을 섬기고 있었습니다. 심지어 '알지 못하는 신'에게 바쳐진 제단도 있었습니다.

아테네 사람들에게는 종교적 갈망이 있었습니다. 바울은 그들이 예수님을 만난다면 그 갈망이 충족될 것을 알고 있었습니다. 그래서 그들이 알지 못하는 신을 섬기고 있지만 그들도 하나님을 알 수 있으며, 하나님은 세상을 창조하신 분이라고 설교했습니다. 그는 "하나님을 금이나 은이나 돌에다 사람의 기술과 고안으로 새긴 것들과 같이 여길 것이 아니니라"(행 17:29)라고 말했습니다.

이어서 바울은 예수님에 대해 말했습니다. 그리고 그들이 죄에서 돌이키기를 하나님이 얼마나 원하시는지 전했습니다. 어떤 사람들은 비웃었지만 어떤 사람들은 믿었습니다. 바울은 하나님의 구원 계획에 관해 설명했습니다.

●● 티칭 포인트

아이들에게 하나님은 그리스(헬라)의 신들뿐만 아니라 세상 어느 우상들과도 같지 않으시다는 점을 강조하십시오. 오직 하나님만이 우리의 예배를 받으시기에 합당하십니다! 예수님이 우리 죄에 대한 형벌을 대신 받으셨기 때문에 우리는 하나님을 알 수 있습니다.

이야기 성경

바울이 아테네에서 복음을 전했어요

행 17:16~34

하나님은 바울을 보내 아테네에 사는 사람들에게 복음을 전하게 하셨어요. 바울은 아테네 사람들을 보고 화가 났어요! 그곳에 사는 사람들은 오직 한 분이신 진짜 하나님을 섬기지 않고, 여러 우상을 섬기고 있었거든요. 바울은 사람들에게 예수님에 대해 전했어요. 그는 예수님이 죽으시고 다시 살아나셨다고 알려 주었어요. 예수님은 살아 계세요!

사람들은 바울의 이야기를 더 듣고 싶어 했어요. 바울이 말했어요. "아테네 시민들이여, 내가 보니 여러분은 매우 종교적인 사람들입니다. 이 도시에서 '알지 못하는 신에게'라고 새긴 제단을 보았습니다. 여러분은 알지 못하는 신까지도 섬기고 있습니다. 이제 내가 여러분이 알지 못하고 섬긴 그 신이 누구인지 알려 주려고 합니다. 오직 한 분이신 하나님을 소개하겠습니다"라고 말했어요. 그리고 이어서 이렇게 말했어요. "하나님은 모든 것을 창조하셨습니다. 하나님은 세상 모든 사람을 지으시고 그들을 사랑하십니다. 하나님은 그 어떤 성전보다 위대한 분이십니다! 사람이 금이나 은이나 돌로 만든 그런 신이 아니십니다. 하나님은 모든 사람이 죄에서 돌이키기를 바라십니다."

바울은 하나님이 예수님을 보내 사람들을 죄에서 구원하셨다고 말했어요. 그리고 예수님이 죽으시고 다시 살아나셨다고 말했지요. 그러자 어떤 사람들은 비웃었어요. 그러나 또 다른 사람들은 이 이야기를 더 듣고 싶어 했어요. 그리고 몇몇 사람들은 바울을 따라 예수님을 믿었어요.

●● 예수님 생각하기

바울은 아테네 사람들에게 오직 한 분이신 진짜 하나님을 전했어요. 바울은 예수님이 십자가에서 죽으시고 부활하셨다고 말했어요. 우리가 하나님을 알게 된 이유는 예수님이 우리를 하나님의 가족으로 이끄셨기 때문이에요.

이야기 TIP

DVD

- **지도 보여 주기 :** 바울의 2차 전도 여행 지도(지도자용 팩)에서 바울의 여행 경로를 따라가 본다.
- **손가락으로 '오직 한 분이신 하나님' 표현하기 :** 성경 이야기에서 '하나님', '예수님'이 나올 때마다 '오직 한 분이다'는 뜻으로 머리 위로 엄지손가락을 높이 든다

싱글벙글 환영해요

DVD "위대한 선물"(지도자용 팩)을 튼다. 아이들을 반갑게 맞이하며 헌금과 기도를 도와준다. 예배 중 헌금 순서가 있다면 아이들이 헌금을 잘 간수하도록 돕는다. 가방과 외투를 정리하도록 안내한다. 새로 온 아이가 있다면 음수대와 화장실의 위치를 알려 주고, 보호자와 만나는 시간과 방법 등을 소개한다. 보호자들을 위한 안내문을 붙여 아이와 만나는 시간, 기다리는 장소, 헌금 방법, 아이에 대한 특별한 주의 사항을 교사에게 미리 알려 달라는 당부 등을 공지한다.

너랑 나랑 마음 열기

주제와 관련 있는 퍼즐이나 블록 등 아이들이 좋아하는 장난감을 몇 가지 비치해 두고 다양한 활동을 하며 예배를 준비하도록 돕는다. 아이들이 마음을 열고 오늘의 주제에 관심을 갖게 하며 예배에 집중할 수 있도록 도와준다. 교회 형편에 맞게 시간과 활동 방법을 조절한다.

가짜 신일까요? 진짜 신일까요? *

준비물 ▶ 여러 나라의 우상 사진 자료

❶ 아이들에게 여러 나라의 우상 사진 자료를 보여 준다.
예) 일본 : 고양이, 인도 : 소, 태국 : 코끼리 등.

❷ 각 나라의 우상에 대해 이야기하면서 아이들과 다음과 같이 질문하고 답해 본다.

- 인도자 : "고양이가 신일까요, 소가 신일까요?"
- 아이들 : "둘 다 가짜 신이에요!"
- 인도자 : "고양이와 소는 누가 만드셨나요?"
- 아이들 : 하나님!
- 인도자 : 하나님이 만드신 것이 신이 될 수 있을까요?
- 아이들 : 신이 될 수 없어요!
- 인도자 : 진짜 신은 누구인가요?
- 아이들 : 하나님!

인도자 우리는 가짜 신인 여러 나라의 우상 사진 자료를 보면서 중요한 메시지를 기억할 수 있어요. 고양이나 소를 신이라고 생각할 수 있나요? 고양이와 소는 다 하나님이 만드신 동물이에요. 또한 사람들은 자신들이 원하는 대로 만든 물건을 신으로 생각하기도 해요. 그런데 사람들이 만든 것을 진짜 신이라고 할 수 있나요? 오늘의 성경 이

야기에서 하나님은 바울을 아테네라는 도시로 보내셨어요. 바울은 아테네에 도착했을 때 화가 났어요! 아테네 사람들이 우상을 숭배하고 있었기 때문이에요. 오늘의 성경 이야기를 잘 듣고 바울이 그들에게 어떻게 오직 한 분이신 진짜 하나님을 전했는지 알아보아요.

발 모양을 그려요 *

준비물 ▶ 흰색 도화지, 네임펜, 꾸미기 도구(사인펜, 색연필, 크레파스 등)

❶ 예배실 바닥에 흰색 도화지를 놓고 아이들을 한 명씩 세운 후 네임펜으로 발 둘레를 그려 준다.

❷ 아이들에게 ❶을 각각 나누어 주고 꾸미기 도구를 이용해 장식하게 한다.

인도자 바울은 자신의 발로 걸어서 여러 지역을 다니면서 예수님에 대한 복음을 전했어요. 오늘의 성경 이야기에서 바울은 유럽에 있는 아테네라는 도시로 갔어요. 바울이 아테네에 도착했을 때 어떤 장면을 보았는지, 오늘의 성경 이야기를 잘 들어 보세요.

예배 대형으로 모이기

- 카운트다운 영상, 모이기 노래 등을 활용해 예배 대형으로 바꾸고 마음을 준비하게 한다.
- 공간을 이동해야 한다면 엄지손가락을 위로 들고 "오직 한 분이신 진짜 하나님!"이라고 말하며 가도록 한다.

가스펠 설교

하나 — 들어가기

아이들에게 하나님에 대해 아는 것들을 말해 보라고 한다.

오늘의 성경 이야기에서, 바울은 아테네 사람들이 오직 한 분이신 진짜 하나님에 대해 알지 못한다는 것을 발견했어요. 그들은 우상을 숭배하고 있었어요! 이제 성경 이야기를 잘 듣고 바울이 오직 한 분이신 진짜 하나님과 그분의 아들이신 예수님에 대해 무엇이라고 전했는지 들어 보아요.

둘 — 성경 이야기

DVD 사도행전 17장을 편다. 설교 영상(지도자용 팩)을 보여 주거나 이야기 성경을 들려준다.

성경에는 하나님의 말씀이 담겨 있어요. 성경에 나오는 이야기는 모두 사실이에요. 성경은 오직 한 분이신 진짜 하나님에 대해 우리가 알아야 하는 모든 것을 알려 주지요. 오늘의 성경 이야기는 신약성경의 '사도행전'에 나와요.

셋 — 메시지와 정리

아테네 사람들은 우상을 섬겼어요. **바울은 아테네 사람들에게 오직 한 분이신 진짜 하나님을 전했어요.** 바울은 사람들에게 오직 한 분이신 진짜 하나님이 예수님을 보내셔서 사람들을 죄에서 구원하셨다고 말했어요. 우리가 하나님을 알게 된 이유는 예수님이 우리를 하나님의 가족으로 이끄셨기 때문이에요.

DVD 연대표(지도자용 팩)를 가리키면서 복습 질문을 한다.

1. 아테네 사람들은 오직 한 분이신 진짜 하나님을 섬겼나요? 아니다, 우상을 섬겼다
2. 그들은 누구를 위해 제단을 만들었나요? 알지 못하는 신
3. 바울은 그들에게 하나님에 대해 무엇이라고 전했나요? "하나님은 오직 한 분이신 진짜 신이십니다" 외 다양한 답변이 가능하다
4. 바울은 그들에게 예수님에 대해 무엇이라고 말했나요? "하나님이 사람들을 죄에서 구원하기 위해 예수님을 보내셨습니다"

5. 아테네 사람들은 바울이 예수님에 대해 한 말을 듣고 어떻게 반응했나요? 어떤 사람들은 비웃었고, 어떤 사람들은 더 듣기 원했으며, 어떤 사람들은 믿었다

넷 — 성경의 초점

바울은 아테네 사람들에게 오직 한 분이신 진짜 하나님을 전했어요. 바울은 예수님이 십자가에서 죽으시고 부활하셨다고 말했어요. **"사람들은 예수님의 이야기를 어떻게 듣게 되나요?"**, **"하나님은 그리스도인들을 통해 다른 사람들에게 예수님을 전하세요."** 하나님은 우리도 바울처럼 예수님을 전해서 더 많은 사람이 하나님을 알고 하나님의 가족이 되기를 원하세요.

다섯 — 복음 초청

성경과 48쪽 복음 초청 가이드를 이용해서 아이들에게 그리스도인이 되는 법을 설명해 준다. 따로 상담해 줄 사람을 정해 주고 궁금한 점이 있으면 물어보도록 격려한다.

이 시간 예수님을 믿고 마음에 모시고 싶은 친구는 함께 기도해요.

여섯 — 기도

하나님, 우리가 아테네 사람들처럼 가짜 신을 믿지 않고 오직 한 분이신 진짜 하나님을 알고 믿게 해 주셔서 감사해요. 바울은 아테네 사람들을 보고는 어떻게 복음을 전할지 깨닫고 복음을 전했어요. 성령님, 우리에게도 지혜를 주셔서 사람들에게 어떻게 복음을 전할지 알게 해 주세요. 복음을 전하는 우리가 되게 해 주세요. 예수님의 이름으로 기도합니다. 아멘.

일곱 — 암송송

성경에서 사도행전 1장 8절을 펴고 큰 소리로 여러 번 따라 읽게 한다.

'복음'이란 '예수님에 대한 좋은 소식'이에요. 복음은 그 어떤 것보다도 중요한 소식이에요. 예수님은 우리가 모든 사람에게 복음을 전할 수 있는 기쁨과 특권을 주셨어요.

암송송(137쪽)에 맞추어 손유희를 하며 말씀을 익힌다.

"오직 성령이 너희에게 임하시면 너희가 권능을 받고 예루살렘과 온 유대와 사마리아와 땅끝까지 이르러 내 증인이 되리라 하시니라"(행 1:8).

가스펠 소그룹

알콩달콩 말씀 놀이

진짜 하나님을 믿어요!

준비물 ▶ 유치부 교재 22쪽, 색연필

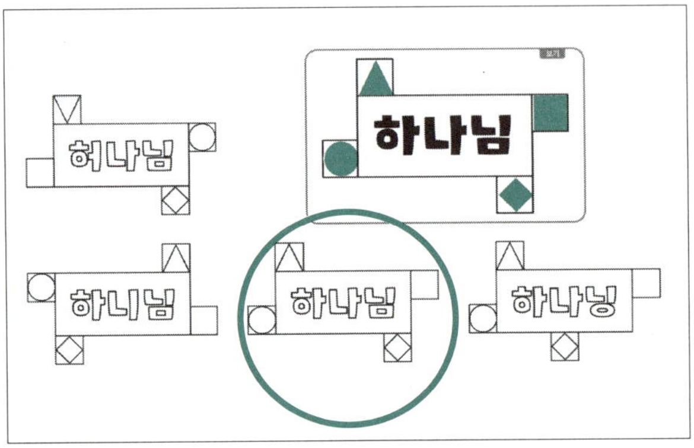

이야기 나누기
- 아테네 사람들은 어떤 신을 믿고 있었나요?
- 주변에서 가짜 신을 본 적이 있나요?
- 바울은 아테네 사람들에게 누구를 전했나요?

❶ 바울은 하나님이 아닌 다른 것에게 예배하는 사람들에게 오직 한 분이신 진짜 하나님을 전했다고 말해 준다.

❷ '하나님'이라는 글씨가 쓰인 보기 와 똑같은 그림을 찾고, 보기 처럼 똑같이 색칠하라고 한다.

인도자 보기 와 비슷한 글씨와 그림은 많았지만 똑같은 그림은 단 하나뿐이었지요? 이처럼 우리가 믿고 따라야 하는 분은 오직 한 분이신 진짜 하나님뿐이세요. 아테네 사람들은 가짜 신들을 예배했어요. 하지만 우리의 예배를 받으실 분은 오직 한 분이신 하나님뿐이시랍니다. 그래서 **바울은 아테네 사람들에게 오직 한 분이신 진짜 하나님을 전했어요.** 바울은 예수님이 십자가에서 죽으시고 부활하셨다고 말했어요. 우리가 하나님을 알게 된 이유는 예수님이 우리를 하나님의 가족으로 이끄셨기 때문이에요.

"내 하나님은" 찬양을 해요 *

준비물 ▶ "내 하나님은" 찬양 음원, 음원을 재생할 수 있는 도구(CD플레이어, 스마트폰 등)

❶ 아이들과 함께 율동을 하면서 "내 하나님은" 찬양을 부른다.

❷ 음이나 율동을 잘 모를 경우 미리 인터넷에서 영상이나 음원을 찾아 익혀 둔다.

인도자 **바울은 아테네 사람들에게 오직 한 분이신 진짜 하나님을 전했어요.** 바울은 "하나님은 그 어떤 성전보다 위대한 분이십니다! 하나님은 모든 사람이 죄에서 돌이키기를 바라십니다"라고 말했어요. 바울은 예수님이 십자가에서 죽으시고 부활하셨다고 말했어요. 우리가 하나님을 알게 된 이유는 예수님이 우리를 하나님의 가족으로 이끄셨기 때문이에요.

책과 성경책을 비교해 보아요 *

준비물 ▶ 다양한 책(동화책, 만화책, 역사책, 그리스·로마신화 만화책), 성경책

❶ 아이들에게 다양한 책을 보여 준다.

❷ 각 책의 내용을 간단하게 소개한 후, 성경책이 다른 책들과 어떻게 다른지 이야기한다.

예) • 동화책, 만화책, 그리스·로마신화 만화책 : 사람들이 지어낸 이야기
• 역사책 : 진짜 있었던 이야기
• 성경책 : 오직 한 분이신 진짜 하나님을 알게 해 주는 책, 진짜 있었던 이야기

❸ 인도자 멘트까지 끝난 후 원하는 아이들은 자연스럽게 책을 볼 수 있도록 지도한다.

인도자 **바울은 아테네 사람들에게 오직 한 분이신 진짜 하나님을 전했어요.** 아테네 사람들은 새로운 생각에 대해 듣고 배우는 것을 좋아했어요. 오늘날 사람들은 책을 읽고 새로운 것을 배워요. 우리 자신에 대해, 그리고 하나님에 대해 알려 주는 책이 있어요. 우리가 완전하게 믿을 수 있는 책이지요. 그 책은 바로 성경책이에요. 우리는 성경을 통해 오직 한 분이신 진짜 하나님과 그분의 아들이신 예수님에 대해 알 수 있어요. 성경을 많이 읽는 우리가 되어요!

전도 여행을 떠나요 *

준비물 ▶ 다양한 교통수단 장난감, 검은색·파란색 도화지("마음 열기" 활동 중 "발 모양을 그려요"에서 그려 놓은 아이들의 발 그림), 가위, 셀로판테이프

❶ 검은색 도화지를 길게 잘라 도로로 만들고, 파란색 도화지로 호수, 강, 바다 등을 만든다.

tip 아이들의 발 그림을 이어 붙여서 도로로 사용해도 좋다.

❷ 신약 4권 7과부터 10과까지 성경 이야기에 나온 도시들을 도로 중간이나 끝에 적어 둔다.

예) 안디옥, 루스드라, 더베, 빌립보, 아테네 등.

❸ 아이들에게 다양한 교통수단 장난감 중에서 하나를 골라 도로를 따라가며 각 도시들에 도착해 "하나님은 오직 한 분이신 진짜 하나님이십니다!"라고 외치라고 한다.

tip 종이 박스로 버스, 비행기, 배, 기차 등을 만들어 대그룹으로 진행할 수 있다.

인도자 하나님은 바울을 여러 곳으로 보내 예수님에 대한 복음을 전하게 하셨어요. **바울은 아테네 사람들에게 오직 한 분이신 진짜 하나님을 전했어요.** 바울은 걷거나 배를 타고 여행했지요. 오늘날에는 우리가 이용할 수 있는 교통수단이 매우 다양해요. 우리는 예수님이 십자가에서 죽으시고 부활하셨다는 소식을 세상 곳곳에 사는 많은 사람에게 전할 수 있어요! 우리가 하나님을 알게 된 이유는 예수님이 우리를 하나님의 가족으로 이끄셨기 때문이에요.

소곤소곤 꿀~꺽 간식

준비물 ▶ 빵, 올리브, 무화과, 치즈, 접시

❶ 카운트다운 영상, 정리하기 노래 등을 활용해 활동이 끝났음을 알린다. 아이들에게 주변을 정리하게 하고, 화장실에 가거나 물티슈 등을 이용해 손을 씻을 시간을 준다.

❷ 감사 기도를 드리고 빵, 올리브, 무화과, 치즈를 간식으로 나누어 준다. 아이들에게 아테네 사람들은 이 음식을 주로 먹는다고 설명해 준다. 하나님은 아테네의 사람들을 사랑하셔서 그들이 하나님과 예수님을 알기 원하셨고, 그래서 바울을 아테네로 보내셨다고 말해 준다. 바울은 아테네 사람들에게 오직 한 분이신 진짜 하나님을 전했다고 이야기하고, 하나님은 우리도 다른 사람들에게 하나님을 전하기 원하신다고 알려 준다.

❸ 간식을 먹은 후 마무리 정리를 잘하도록 지도한다.

오순도순 마무리

준비물 ▶ 유치부 교재 39쪽 메시지 카드, 소그룹 활동지, 파일

❶ 이번 주 메시지 카드로 부모님과 함께 오늘 배운 성경 이야기를 나누어 보라고 한다.

가족과 활동해요

- 바울의 전도 여행 지도를 살펴보면서 지난 성경 이야기들을 복습하세요.
- 가짜 신을 섬기는 사람들에 대해 이야기하세요. 하나님이 선교사를 보내 복음을 전하게 해 달라고 기도하세요.

❷ 나만의 기록장에 기록할 내용을 소개하고, 소그룹 활동지를 떼어 파일에 끼운 뒤 가방에 정리하게 한다.

❸ 아이들을 위해 기도한다.

인도자 하나님, 사람들이 하나님과 하나님의 아들이신 예수님을 알게 해 주셔서 감사해요. 우리가 다른 사람들에게 예수님을 전하도록 사명을 주신 것도 감사해요. 복음을 전하는 일이 힘들기도 하지만, 우리가 예수님의 죽음과 부활을 모든 사람에게 전할 수 있도록 힘을 주세요. 예수님의 이름으로 기도합니다. 아멘.

❹ 아이를 데리러 온 부모에게 아이가 특별히 즐거워했거나 잘했던 활동들에 대해 이야기해 주고, 가정에서 성경 읽기와 가족 활동을 진행할 수 있도록 격려한다.

나만의 기록장

오늘의 성경 이야기를 통해 알게 된 하나님 표현하기

11

바울의 세 번째 전도 여행

[행 18:1~4, 24~28, 20:17~38]

주제 하나님은 바울이 용기를 내어 복음을 전하도록 도와주셨어요.

예수님 생각하기 바울은 세 번째 전도 여행을 하면서 많은 사람에게 예수님을 전했어요. 하나님의 계획은 바울이 어떠한 어려움 속에서도 사람들에게 복음을 전하게 하는 것이었어요.

단원 암송 행 1:8

성경의 초점 사람들은 예수님의 이야기를 어떻게 듣게 되나요?
하나님은 그리스도인들을 통해 다른 사람들에게 예수님을 전하세요.

본문 속으로

바울의 세 번째 전도 여행은 앞선 두 번의 전도 여행처럼 교회를 세우기 위한 것이 아니었습니다. 이미 세워진 교회들을 격려하고 견고하게 하려는 목적으로 떠난 여행이었습니다. 그는 교회들에 편지를 보냈지만 어떤 교훈은 직접 가르치는 것이 낫다고 생각했습니다.

바울은 고린도(코린트)를 방문하며 그 여정을 시작했습니다. 바울은 천막을 만들어 생계를 유지했습니다. 그는 고린도에서 같은 일을 하는 두 사람을 만났습니다. 아굴라와 그의 아내 브리스길라였습니다. 바울은 일하면서 만나는 많은 사람에게 복음을 전했습니다. 고린도 교회는 날로 성장해 갔습니다.

바울은 브리스길라와 아굴라를 데리고 에베소(에페수스)로 갔습니다. 에베소는 로마 제국 내에서 매우 번화한 도시였습니다. 브리스길라와 아굴라는 바울이 여러 교회를 방문해 성도들을 격려하는 동안 에베소에 머물렀습니다. 두 사람은 아볼로라는 유대인 그리스도인을 만나 교제했습니다. 아볼로는 초대교회의 지도자였습니다. 브리스길라와 아굴라는 그가 예수님과 성경에 대해 더 잘 이해할 수 있도록 도와주었습니다. 이후 아볼로는 말씀을 통해 예수님이 그리스도이심을 많은 사람에게 증거했습니다.

성령님은 바울을 예루살렘으로 이끄셨습니다. 그런데 성령님의 부르심은 순순히 순종할 수 있을 만큼 쉬운 것이 아니었습니다. 성령님은 바울이 예루살렘에서 감옥에 갇히고 고난을 겪게 될 것을 보여 주셨습니다(행 20:23 참조). 바울이 지금까지 한 것으로도 충분하지 않았던 것일까요?

바울은 여러 해 동안 많은 사람에게 복음을 전해 예수님을 믿게 했습니다.

●● 티칭 포인트

바울이 자기 인생에 집착하지 않았다는 것을 아이들에게 강조해 주십시오. 바울은 가능한 모든 기회를 이용해 사람들에게 예수님에 관한 좋은 소식을 전했습니다. 하나님은 바울이 어려움에 처해 있을 때조차도 용기를 내어 설교할 수 있도록 그를 도우셨습니다. 바울은 불확실한 미래에도 불구하고 예수님의 선하심과 은혜로우심을 확신하며 예루살렘으로 가는 배에 올랐습니다.

이야기 성경

바울의 세 번째 전도 여행

행 18:1~4, 24~28, 20:17~38

하나님은 바울을 고린도로 보내셨어요. 그곳에서 그는 아굴라와 그의 아내 브리스길라를 만났어요. 그들은 바울처럼 천막을 만드는 일을 했어요. 바울은 그들과 함께 지내며 일했어요. 그는 안식일에는 회당에 가서 그곳에 모인 유대인들과 헬라인들과 이야기를 나누며 예수님을 전했어요. 예수님을 믿는 사람들이 늘어났어요. 이제 고린도에 교회가 생겼어요.

바울은 브리스길라와 아굴라와 함께 에베소로 떠났어요. 브리스길라와 아굴라는 에베소에 머물렀고 바울은 아시아에 있는 여러 교회들을 방문했어요. 바울은 교회에서 성도들을 만나 그들의 신앙이 더욱 단단해지도록 도왔어요.

바울이 여행하는 동안 유대인인 아볼로라는 사람이 에베소에 왔어요. 그는 예수님을 열심히 전하는 사람이었어요. 아볼로는 예수님을 알고는 있었지만, 예수님에 대해 잘 알고 있었던 것은 아니에요. 그래서 브리스길라와 아굴라가 그를 집으로 데려가서 많은 것을 가르쳐 주었어요. 그러자 아볼로는 여러 곳을 다니며 사람들을 가르쳤어요. 성경을 통해 예수님이 그리스도이심을 전했지요.

바울은 다시 에베소로 향했어요. 그는 교회 지도자들에게 가까운 도시에서 만나자고 했어요. 바울은 하나님의 뜻을 따라 예루살렘에 갈 것이라고 말했어요. 교회 지도자들은 위험하다고 말렸지만 바울은 담담하게 말했어요. "그곳에서 제게 무슨 일이 일어날지는 알 수 없습니다. 하지만 어려운 일이 생길 것이고 감옥에 갇히게 될 것입니다."

그러나 바울은 멈추지 않았어요. 그는 편안하게 사는 것을 원하지 않았어요. 하나님이 자신을 위해 준비하신 사명을 해 내는 것이 가장 중요하다고 말했어요. "저는 사람들에게 하나님의 은혜에 대한 기쁜 소식을 전하고 싶습니다"라고 말했지요. 교회 지도자들은 바울과 함께 기도하고 그를 배웅했어요.

이야기 TIP

- DVD **지도 보여 주기 :** 바울의 3차 전도 여행 지도(지도자용 팩)에서 바울의 여행 경로를 따라가 본다.
- **천막에 앉기 :** 예배실 안에 천을 이용해 천막을 설치한다. 성경 이야기를 듣는 동안 아이들이 천막 안에 앉아 있게 한다. 아이들에게 바울은 천막을 만드는 사람이었다는 것을 상기시킨다.
- **멈추지 않고 복음 전하기 :** 예배실 벽 곳곳에 바울이 복음을 전한 지역(고린도, 에베소, 예루살렘)을 적어 붙여 둔다. 아이들을 3팀으로 나누어 3개 지역에 각각 앉힌다. 자원하는 아이에게 '바울' 역할을 맡기고 인도자 옆에 세워 둔다. 인도자가 성경 이야기를 들려주면 해당하는 지역의 이야기가 나올 때 '바울'에게 그 지역에 가서 "예수님이 우리를 죄에서 구원하셨어요. 예수님을 믿으세요!"라고 전하라고 한다. 예루살렘에서 복음을 전하는 것으로 활동을 마무리한다

●● 예수님 생각하기

바울은 세 번째 전도 여행을 하면서 많은 사람에게 예수님을 전했어요. 하나님의 계획은 바울이 어떠한 어려움 속에서도 사람들에게 복음을 전하게 하는 것이었어요.

가스펠 준비

싱글벙글 환영해요

DVD "위대한 선물"(지도자용 팩)을 튼다. 아이들을 반갑게 맞이하며 헌금과 기도를 도와준다. 예배 중 헌금 순서가 있다면 아이들이 헌금을 잘 간수하도록 돕는다. 가방과 외투를 정리하도록 안내한다. 새로 온 아이가 있다면 음수대와 화장실의 위치를 알려 주고, 보호자와 만나는 시간과 방법 등을 소개한다. 보호자들을 위한 안내문을 붙여 아이와 만나는 시간, 기다리는 장소, 헌금 방법, 아이에 대한 특별한 주의 사항을 교사에게 미리 알려 달라는 당부 등을 공지한다.

너랑 나랑 마음 열기

주제와 관련 있는 퍼즐이나 블록 등 아이들이 좋아하는 장난감을 몇 가지 비치해 두고 다양한 활동을 하며 예배를 준비하도록 돕는다. 아이들이 마음을 열고 오늘의 주제에 관심을 갖게 하며 예배에 집중할 수 있도록 도와준다. 교회 형편에 맞게 시간과 활동 방법을 조절한다.

내 친구는 누구인가요? *

❶ 인도자가 아이들 중 한 명에 대해 설명한 후 "내 친구는 누구인가요?"라고 물어보면서 맞혀 보라고 한다.

tip 아이들을 설명할 때는 주로 옷, 머리카락 길이나 모양, 이름 등을 주로 하는 것이 좋고 긍정적으로 소개하도록 한다.

❷ 아이들이 정답을 맞힐 때까지 추가 설명을 덧붙인다.

tip 인도자 역할을 릴레이식으로 아이들에게 맡겨도 좋다.

인도자 하나님은 우리에게 친구를 주셨어요. 또 우리는 그들의 친구가 되지요. 그런데 우리에게는 예수님을 함께 믿으면서 서로를 격려하고, 예수님에 대해 기억하게 해 주고, 복음을 전하도록 도와줄 수 있는 친구가 필요해요. 오늘의 성경 이야기에서 바울은 자신이 아주 어려운 일을 해야 한다는 것을 알게 되었어요. 다른 교회 지도자들은 바울을 사랑하고 그를 위해 기도했어요. 바울에게 어떤 일이 있었는지 오늘의 성경 이야기를 통해 함께 알아보도록 해요.

천막을 만들어요 *

준비물 ▶ 큰 천, 끈, 의자(책상), 베개, 책

❶ 아이들에게 큰 천으로 천막을 만들어 보라고 한다. 의자에 큰 천을 늘어뜨려 천막을 만들 수 있다고 말해 준다.

tip 예배실에 벽이 있다면 두 벽 사이에 끈을 달고 큰 천을 늘어뜨려 천막을 만들어도 좋다. 단, 끈이 단단하게 고정되었는지 확인한다.

❷ 천막을 완성한 후 베개나 책을 이용해 천막 내부를 채울 수 있도록 지도한다.

인도자 우리는 지난 몇 주 동안 바울에 대해 배웠어요. 그런데 여러분은 바울의 직업이 무엇이었는지 알고 있나요? 바울은 천막을 만드는 사람이었어요. 오늘의 성경 이야기에서 바울은 천막을 만드는 다른 친구들을 만났어요. 바울은 그들과 함께 머물면서 일했지요. 오늘의 성경 이야기를 듣고 바울의 새 친구들이 예수님에 대한 복음을 전하는 일을 어떻게 도와주었는지 알아보아요.

예배 대형으로 모이기

- 카운트다운 영상, 모이기 노래 등을 활용해 예배 대형으로 바꾸고 마음을 준비하게 한다.
- 공간을 이동해야 한다면 인도자가 "예수님!"을 외치면 아이들이 "믿으세요!"라고 화답하며 가게 한다.

가스펠 설교

하나 — 들어가기

아이들에게 용기가 필요한 순간이 있었는지 묻고 하나님이 어떻게 도와주셨는지 생각해 보고 이야기를 나눈다. '용기'란 어렵거나 두려운 일을 하기 위해 강해지는 것이라고 설명해 준다.

하나님은 우리에게 성령님을 주셨어요. 성령님은 우리에게 용기를 주세요. 우리는 힘든 일을 혼자 다 해 내려고 노력할 필요가 없어요. 오늘의 성경 이야기를 듣고 하나님이 바울에게 어떻게 용기를 주셨는지 알아보아요.

둘 — 성경 이야기

DVD 사도행전 18장을 편다. 설교 영상(지도자용 팩)을 보여 주거나 이야기 성경을 들려준다.

성경은 세상에서 가장 특별한 책이에요. 하나님의 말씀이 담겨 있기 때문이지요. 성경에 나오는 이야기들은 실제로 일어난 일들이에요. 오늘의 성경 이야기는 신약성경 중에서 '사도행전'에 나와요.

셋 — 메시지와 정리

예수님에 대한 복음이 많은 사람에게 퍼져 나갔어요. **하나님은 바울이 용기를 내어 복음을 전하도록 도와주셨어요.** 바울은 복음을 전하는 일을 자신의 생명을 지키는 것보다 더욱 귀하게 여겼어요.

DVD 연대표(지도자용 팩)를 가리키면서 복습 질문을 한다.

1. 아굴라와 브리스길라는 아볼로를 어떻게 도와주었나요? 그에게 예수님에 대해 더 많이 가르쳐 주었다
2. 하나님은 바울이 어디로 가기를 원하셨나요? 예루살렘
3. 예루살렘에서 바울에게는 어떤 일이 일어날 예정이었나요? 감옥에 갇힐 것이다
4. 바울이 중요하게 여긴 것은 편안하게 사는 것이었나요, 아니면 하나님이 주신 사명을 이루는 것이었나요? 하나님이 주신 사명을 이루는 것
5. 하나님이 바울에게 주신 사명은 무엇인가요? 사람들에게 예수님에 대한 복음을 전하는 것

넷 — 성경의 초점

2단원의 '성경의 초점' 질문에도 답해 보세요. **"사람들은 예수님의 이야기를 어떻게 듣게 되나요?"** 아이들의 대답을 기다린다. **"하나님은 그리스도인들을 통해 다른 사람들에게 예수님을 전하세요."** 정말 잘했어요! 하나님은 바울을 부르셔서 예수님에 대한 복음을 전하게 하셨어요. 하나님은 바울을 부르신 것처럼 우리도 부르세요. 사람들에게 예수님을 전하는 것은 때로는 매우 어려운 일이에요. 하지만 우리를 위한 하나님의 계획은 편안한 삶을 사는 것보다 훨씬 더 좋답니다. 예수님은 언제나 우리와 함께하겠다고 약속하셨어요.

다섯 — 복음 초청

성경과 48쪽 복음 초청 가이드를 이용해서 아이들에게 그리스도인이 되는 법을 설명해 준다. 따로 상담해 줄 사람을 정해 주고 궁금한 점이 있으면 물어보도록 격려한다.

이 시간 예수님을 믿고 마음에 모시고 싶은 친구는 함께 기도해요.

여섯 — 기도

하나님, 우리에게 구원의 확신을 주시고 예수님을 전할 수 있는 용기도 주시니 감사해요. 바울처럼 예수님을 전하는 일이 우리에게 가장 중요하고 기쁜 일이 될 수 있도록 도와주세요. 예수님, 우리와 늘 함께해 주셔서 감사해요. 사랑하는 예수님의 이름으로 기도합니다. 아멘.

일곱 — 암송송

성경에서 사도행전 1장 8절을 펴고 큰 소리로 여러 번 따라 읽게 한다.

바울은 예수님의 증인이 되었어요. '증인'이란 '보고 들은 것을 그대로 말하는 사람'을 뜻해요. 바울은 할 수 있는 한 많은 사람에게 예수님에 대해 전했어요. 우리도 예수님의 증인이에요. 예수님의 증인인 우리는 가족과 친구들에게 예수님을 전할 수 있어요.

암송송(137쪽)에 맞추어 손유희를 하며 말씀을 익힌다.

"오직 성령이 너희에게 임하시면 너희가 권능을 받고 예루살렘과 온 유대와 사마리아와 땅끝까지 이르러 내 증인이 되리라 하시니라"(행 1:8).

가스펠 소그룹

알콩달콩 말씀 놀이

계속해서 전도해요!

준비물 ▶ 유치부 교재 24쪽, 연필

이야기 나누기

- 하나님은 바울에게 예루살렘에 가면 어떤 일을 겪게 될 것이라고 말씀하셨나요?
- 예수님을 전하다 보면 힘든 일이 생길 수 있어요. 이 사실을 알고도 예수님을 전하는 일이 쉬울까요?
- 복음을 전할 수 있도록 용기를 주시는 분은 누구신가요?

❶ 많은 사람이 바울을 통해 예수님을 믿게 되었다고 말해 준다. 바울은 복음을 전하면서 정말 힘들고 어려웠지만 전도 여행을 계속했다고 이야기한다.

❷ 바울이 배를 타고 전도 여행을 가는 그림을 보며 이제 바울은 또 어디로 가는 것인지 아이들에게 질문하고 이야기를 나누어 본다.

❸ 그림에서 보기 의 숨은 물건들을 찾아서 ○표 하라고 한다.

인도자 오늘의 성경 이야기에서 바울은 여행을 하면서 교회를 격려하고 예수님에 대한 복음을 전했어요. 바울은 하나님이 다음에 가기를 원하시는 곳에 대해서 교회 지도자들과 나누어야 했어요. 정말 어려운 이야기였지요. 하나님은 바울을 예루살렘으로 보내기를 원하셨고, 그곳에는 바울이 감옥에 갇힐 일이 기다리고 있었거든요. 바울은 이 사실을 알고 있었지만 예수님을 전하는 일을 포기하지 않았어요. 하나님의 말씀에 순종했지요. **하나님은 바울이 용기를 내어 복음을 전하도록 도와주셨어요.**

복습 게임을 해요 *

준비물 ▶ 2단원(6~11과) 이야기 성경 일러스트(지도자용 팩) 또는 유치부 교재 37, 39쪽
2단원(6~11과) 메시지 카드, 콩 주머니, 투명 박스테이프, 마스킹 테이프

❶ 6~11과 이야기 성경 일러스트(지도자용 팩)를 예배실 바닥에 격자 모양으로 붙인다.

❷ 약 3m 떨어진 곳에 마스킹 테이프를 이용해 출발선을 표시하고, 아이들을 출발선 뒤로 한 줄로 세운다.

❸ 아이들에게 콩 주머니를 나누어 주고 ❶을 향해 던지게 하고, 콩 주머니가 떨어진 그림을 확인하고 기억나는 대로 성경 이야기를 말해 보라고 한다. 이야기가 끝나면 "하나님! 복음을 계속해서 전할 수 있도록 도와주세요!"라고 외친다.

tip 메시지 카드를 이용하는 경우 아이들을 서로 마주볼 수 있게 둥글게 앉히고, 가운데에 카드를 놓은 뒤 순서를

정해 앉은 채로 콩 주머니를 던지게 한다.

❹ 모든 아이에게 차례가 돌아갈 때까지 활동을 반복한다.

인도자 우리는 하나님이 어떻게 바울을 부르셔서 여러 지역을 다니며 복음을 전하게 하셨는지 배웠어요. **하나님은 바울이 용기를 내어 복음을 전하도록 도와주셨어요.** 바울은 전도 여행을 하는 동안 많은 사람에게 예수님을 전했어요. 하나님은 사람들의 마음을 변화시키셨고, 교회는 성장했어요. 하나님은 바울을 부르셔서 예수님에 대한 복음을 전하게 하셨어요. 그리고 바울은 어떠한 어려움에도 하나님의 계획에 순종하기 원했어요.

귓속말로 진리를 전달해요 *

❶ 아이들을 서로 마주보도록 둥글게 앉힌다.

❷ 인도자가 한 아이의 귀에 대고 성경이 말하는 진리를 속삭이면 그 진리를 왼쪽에 앉은 친구에게 전달하면 된다는 게임의 규칙을 설명한다.

예) "예수님은 하나님의 아들이세요", "예수님은 십자가에서 죽으시고 부활하셨어요", "예수님은 우리를 사랑하세요", "예수님은 우리가 복음을 전하기 원하세요" 등.

❸ 모든 아이에게 진리가 전달되면 활동을 마무리한다.

인도자 바울은 여행을 하면서 많은 사람에게 예수님을 전했어요. 바울이 여행하는 동안, 아굴라와 브리스길라는 아볼로에게 예수님에 대해 더 많은 것을 가르쳤어요. 그 후 아볼로는 여행을 하면서 더 많은 사람에게 예수님을 전했지요. **사람들은 예수님의 이야기를 어떻게 듣게 되나요? 하나님은 그리스도인들을 통해 다른 사람들에게 예수님을 전하세요.** 하나님은 우리도 예수님에 대한 복음을 전하기 원하세요!

믿음의 친구를 찾아요 *

준비물 ▶ 색종이, 가위, 셀로판테이프

❶ 색종이를 하트 모양으로 자른 후 다양한 모양으로 2등분한다.

❷ 아이들에게 하트의 한 조각씩 나누어 준다.

❸ 자신이 가진 하트의 나머지 조각을 갖고 있는 친구를 찾아다니다가 짝을 만나면 하트를 맞추고 "예수님은 너를 사랑해", "너는 나의 친구야", "우리는 믿음의 친구야" 등의 말을 서로에게 전하라고 한다.

❹ 하트 조각을 연결하고 셀로판테이프를 붙여 하나의 하트로 만들라고 한다.

인도자 오늘의 성경 이야기에서 바울은 브리스길라와 아굴라와 친구가 되었어요. 그리고 브리스길라와 아굴라는 아볼로와 친구가 되었지요. 교회 지도자들은 바울을 사랑했고, 그를 위해 기도했어요. **하나님은 바울이 용기를 내어 복음을 전하도록 도와주셨어요.**

지도를 보며 기도해요 *

준비물 ▶ 138쪽 세계 지도(또는 지도자용 팩)

❶ 아이들과 138쪽 세계 지도(또는 지도자용 팩)를 보면서, 세계 곳곳에는 예수님을 전하다가 지치고 힘든 일을 겪는 사람들이 있다고 말해 준다.

❷ 그들을 위해 "하나님, 힘과 용기를 주세요"라고 함께 기도한다.

tip 어렵고 힘든 상황에서도 예수님을 전한 사람들의 간증을 들어 보아도 좋다.

인도자 하나님은 바울을 예루살렘이라는 도시로 보내셨어요. 바울은 자신이 예루살렘에서 감옥에 갇힐 것을 알았어요. **하나님은 바울이 용기를 내어 복음을 전하도록 도와주셨어요.** 바울에게 더 중요한 것은 편안하게 사는 것이 아니라, 하나님이 주신 사명을 이루는 것이었어요. 오늘날에도 예수님을 사랑하고 따른다는 이유로 힘든 일을 겪는 그리스도인들이 많이 있어요. 그들을 위해 기도하고 격려하는 우리가 되어요!

소곤소곤 꿀~꺽 간식

준비물 ▶ 크래커, 과일 주스

1. 카운트다운 영상, 정리하기 노래 등을 활용해 활동이 끝났음을 알린다. 아이들에게 주변을 정리하게 하고, 화장실에 가거나 물티슈 등을 이용해 손을 씻을 시간을 준다.
2. 감사 기도를 드리고 크래커와 과일 주스를 간식으로 나누어 준다. 아이들에게 크래커 2개를 서로 기대 세워서 천막을 만들어 보라고 한다. 아이들에게 바울은 아굴라, 브리스길라와 함께 천막을 만들었는데, 안식일이면 회당에 들어가 사람들에게 예수님을 전했다는 오늘의 성경 이야기를 떠올려 준다. 사람들은 예수님의 이야기를 어떻게 듣게 되는지 물어보고, 하나님은 그리스도인들을 통해 다른 사람들에게 예수님을 전한다는 2단원의 '성경의 초점'을 한 번 더 말해 준다. 우리는 바울처럼 전도 여행을 다닐 수는 없지만 우리가 있는 곳에서 친구들에게 예수님을 전할 수 있다고 이야기한다.
3. 간식을 먹은 후 마무리 정리를 잘하도록 지도한다.

오순도순 마무리

준비물 ▶ 유치부 교재 39쪽 메시지 카드, 소그룹 활동지, 파일

1. 이번 주 메시지 카드로 부모님과 함께 오늘 배운 성경 이야기를 나누어 보라고 한다.

가족과 활동해요

• 거실에 텐트를 치거나 가족과 함께 캠핑을 가서 텐트 안에서 지내 보세요. 다른 가족을 초대해도 좋아요. 텐트에서 지내면서 바울의 전도 여행 이야기를 나누어 보세요.

2. 나만의 기록장에 기록할 내용을 소개하고, 소그룹 활동지를 떼어 파일에 끼운 뒤 가방에 정리하게 한다.
3. 아이들을 위해 기도한다.

인도자 하나님, 우리가 사람들에게 예수님을 전할 수 있도록 도와주세요. 우리에게 가장 중요한 것은 하나님이 주신 사명대로 살아가는 거예요. 우리가 이 사실을 기억하게 해 주세요. 어떤 순간에도 하나님을 따를 수 있도록 도와주세요. 예수님의 이름으로 기도합니다. 아멘.

4. 아이를 데리러 온 부모에게 아이가 특별히 즐거워했거나 잘했던 활동들에 대해 이야기해 주고, 가정에서 성경 읽기와 가족 활동을 진행할 수 있도록 격려한다.

나만의 기록장

예수님을 전하는 내 모습 그리기

빌립보서 2:13

원곡 : 예수께서 오실 때에(새찬송가 564장)

작곡 : 조지 프레데릭 루트
편곡 : 김효정

너희 안에서
(두 손을 앞으로 폄)

행하시는 이는
(두 팔을 옆으로 벌려 두 주먹을 쥠)

하나님이시니
(두 손을 편 채 하늘로 높이 듦)

자기의
(두 손을 가슴에 모음)

기쁘신 뜻을 위하여
(두 손을 좌우로 4회 흔듦)

너희에게
(두 손을 앞으로 폄)

소원을 두고
(두 손 검지로 머리를 가리킴)

행하게 하시나니
(두 손을 앞으로 편 채 좌우로 흔듦)

사도행전 1:8

원곡 : 비행기(미국 민요)

작곡 : 사라 조세파 헤일 & 존 로울스톤
편곡 : 김효정

보통으로

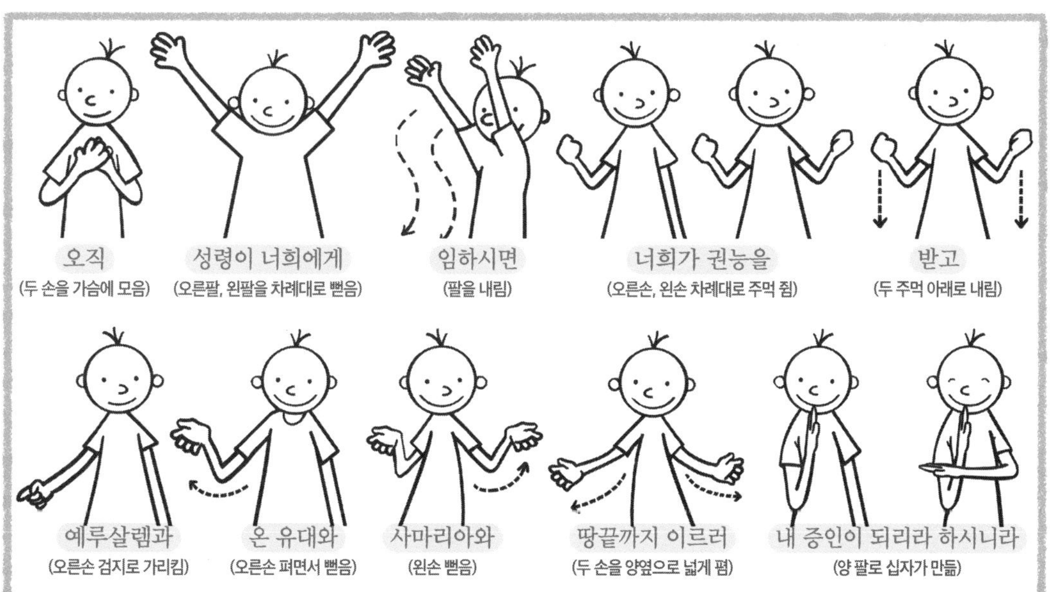

4과, 11과 세계 지도

1

2

3

4

5

6

7

8

9

10

11

12

13

14

15

16

9

10

11

12

13

14

15

16

17

18

19

20

21

22

23

24

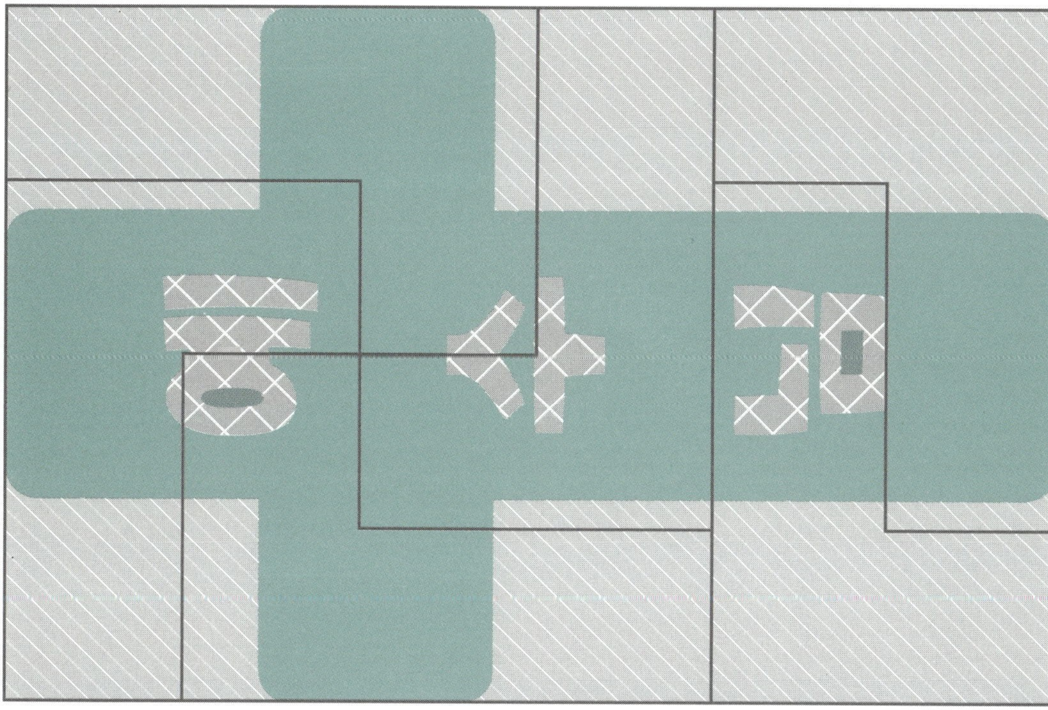

하나님은 아브라함에게 아브라함을 통해
모든 사람이 축복을 받을 것이라고 말씀하셨어요.

하나님은 아브라함에게 아브라함을 통해
모든 사람이 축복을 받을 것이라고 말씀하셨어요.

하나님은 요셉을 통해 그의 가족과 많은 사람을 구하셨어요.

하나님은 요셉을 통해 그의 가족과 많은 사람을 구하셨어요.

하나님은 아브라함에게
아브라함을 통해
모든 사람이 축복을 받을 것이라고
말씀하셨어요.

하나님은 아브라함에게
아브라함을 통해
모든 사람이 축복을 받을 것이라고
말씀하셨어요.

하나님은 요셉을 통해
그의 가족과 많은 사람을
구하셨어요.

하나님은 요셉을 통해
그의 가족과 많은 사람을
구하셨어요.

하나님은 모세를 통해 하나님의 백성을 구하셨어요.

하나님은 모세를 통해 하나님의 백성을 구하셨어요.

하나님은 여호수아와 이스라엘 백성이
약속의 땅에 들어가도록 도와주셨어요.

하나님은 여호수아와 이스라엘 백성이
약속의 땅에 들어가도록 도와주셨어요.

하나님은 예수님이 다윗의 자손으로 오실 것이라고 약속하셨어요.

하나님은 예수님이 다윗의 자손으로 오실 것이라고 약속하셨어요.

하나님은 솔로몬이 예루살렘에 성전을 지을 수 있도록 허락하셨어요.

하나님은 솔로몬이 예루살렘에 성전을 지을 수 있도록 허락하셨어요.

하나님은 모세를 통해
하나님의 백성을 구하셨어요.

하나님은 모세를 통해
하나님의 백성을 구하셨어요.

하나님은
여호수아와 이스라엘 백성이
약속의 땅에 들어가도록
도와주셨어요.

하나님은
여호수아와 이스라엘 백성이
약속의 땅에 들어가도록
도와주셨어요.

하나님은 예수님이
다윗의 자손으로 오실 것이라고
약속하셨어요.

하나님은 예수님이
다윗의 자손으로 오실 것이라고
약속하셨어요.

하나님은 솔로몬이
예루살렘에 성전을 지을 수 있도록
허락하셨어요.

하나님은 솔로몬이
예루살렘에 성전을 지을 수 있도록
허락하셨어요.

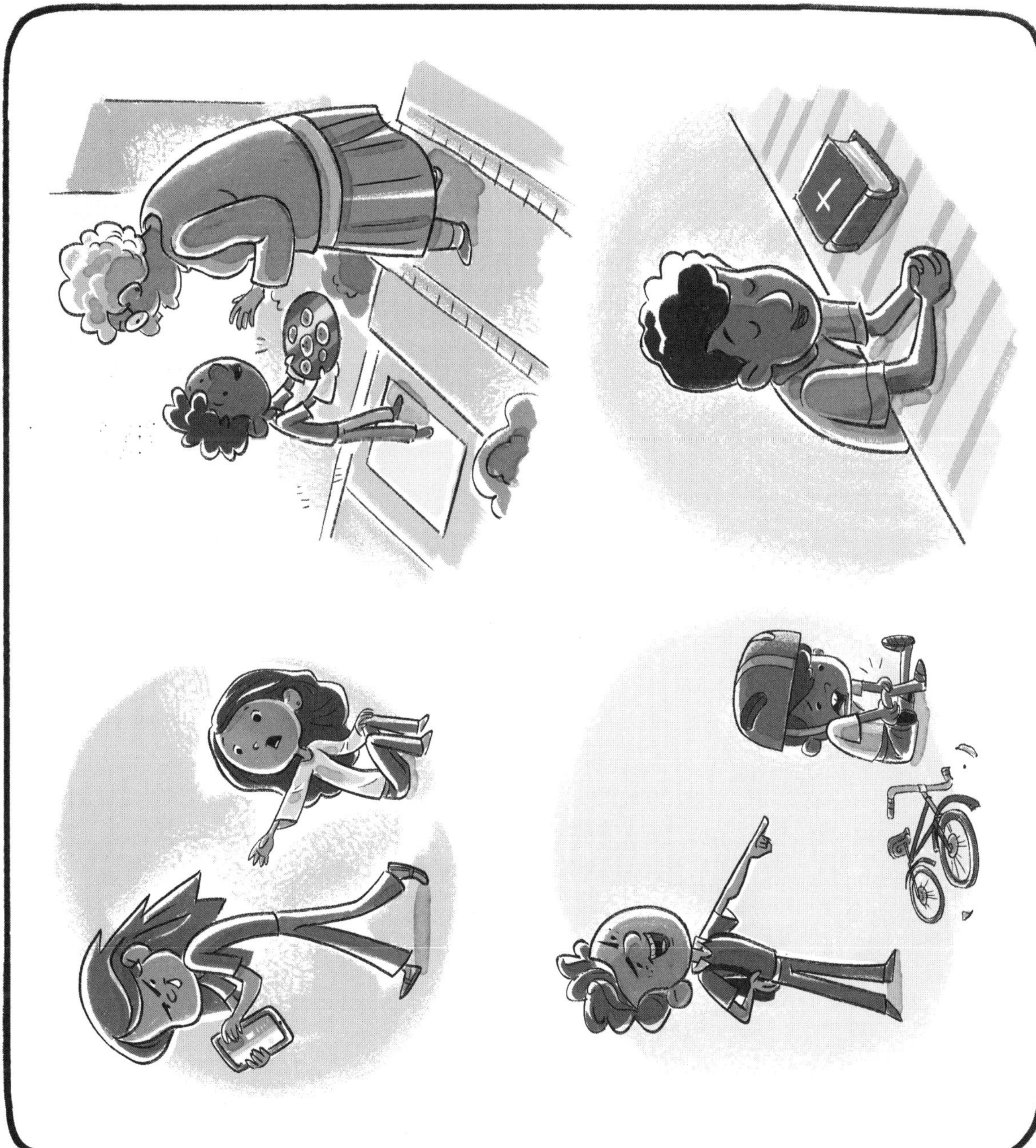

2단원 바울의 1~3차 전도 여행 지도

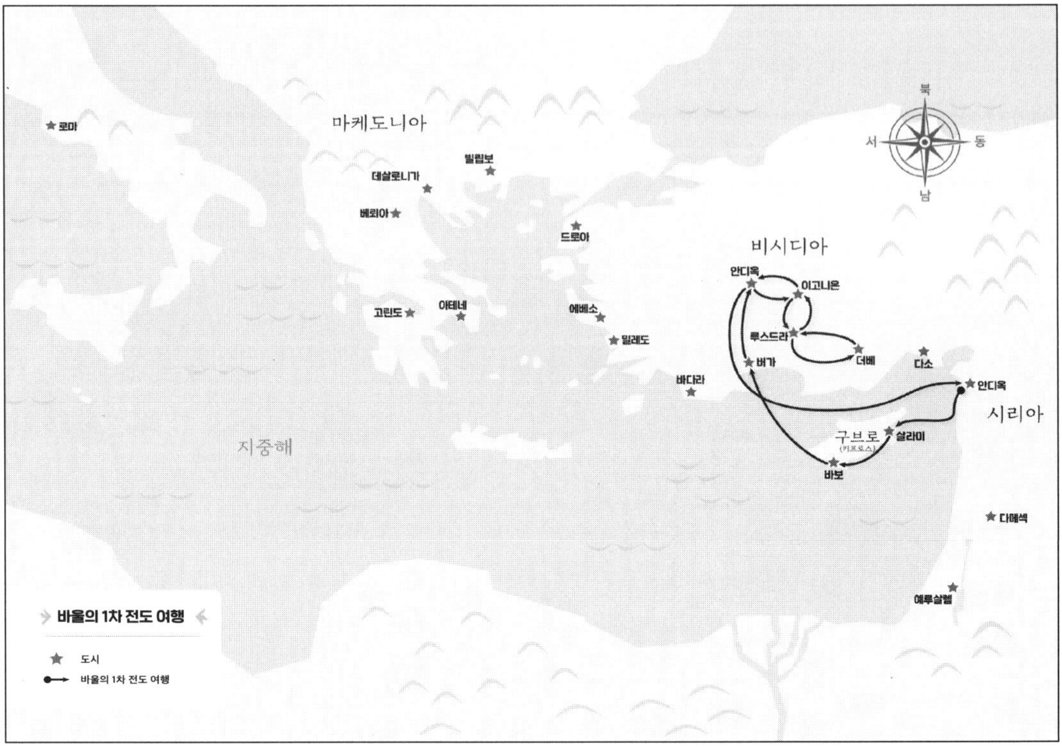

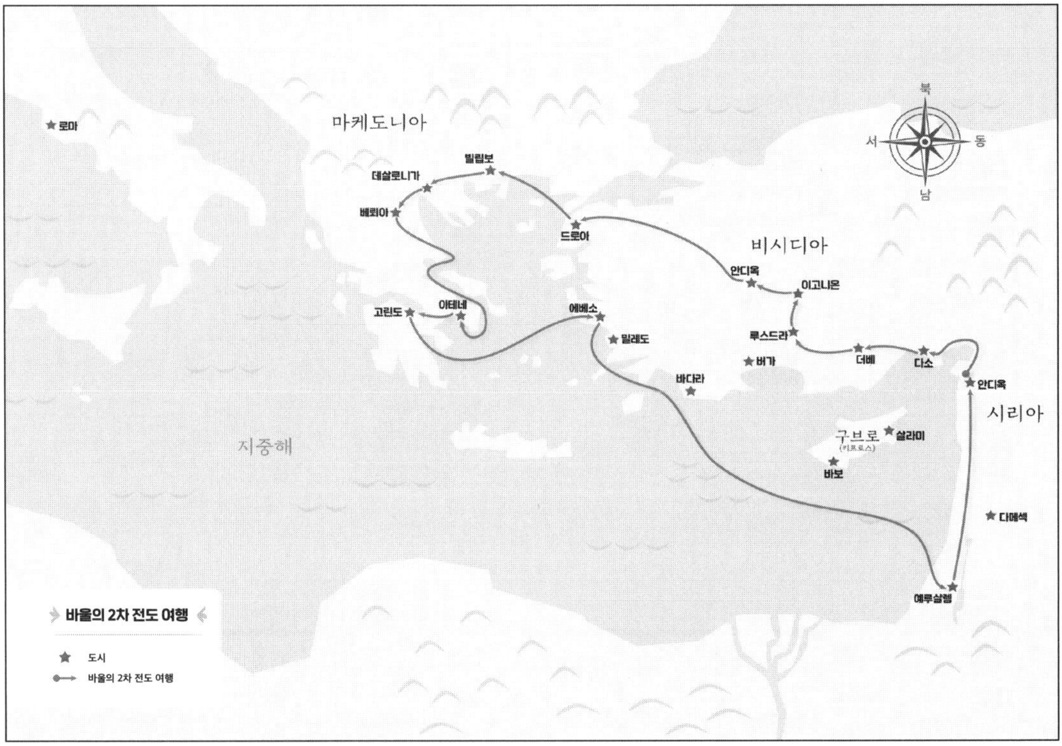

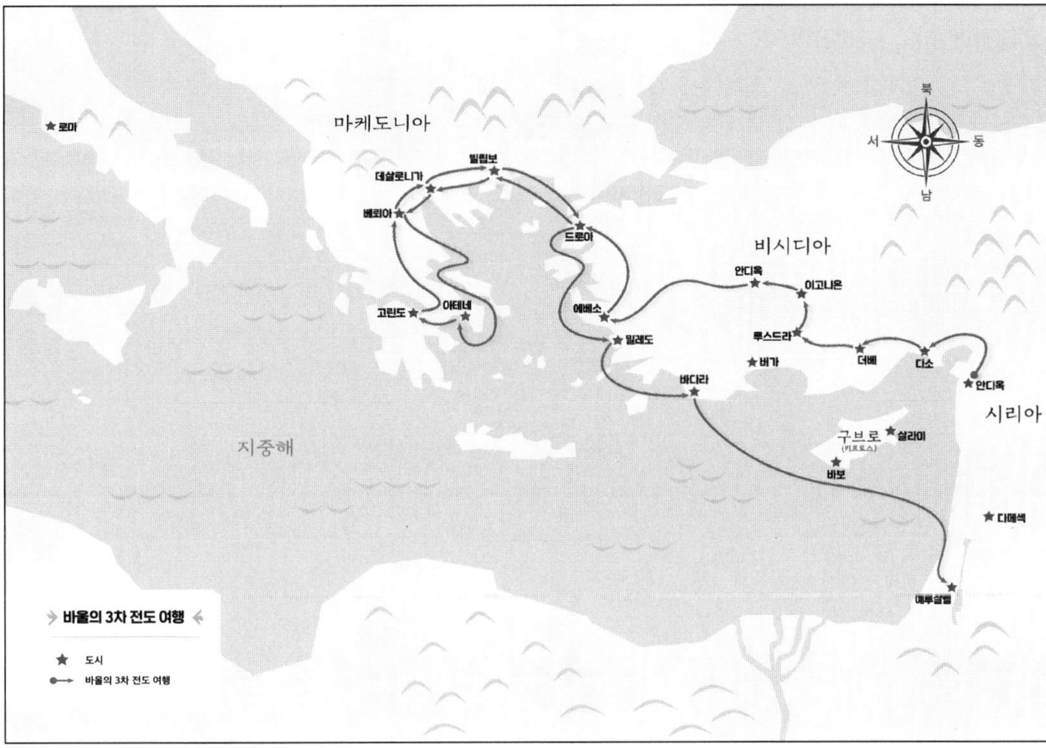
로마
마케도니아
북
서
동
남
빌립보
데살로니가
베뢰아
드로아
비시디아
안디옥
이고니온
고린도
아테네
에베소
밀레도
루스드라
버가
더베
다소
안디옥
바다라
시리아
구브로
(키프로스)
살라미
바보
지중해
다메섹
예루살렘
바울의 3차 전도 여행
도시
바울의 3차 전도 여행

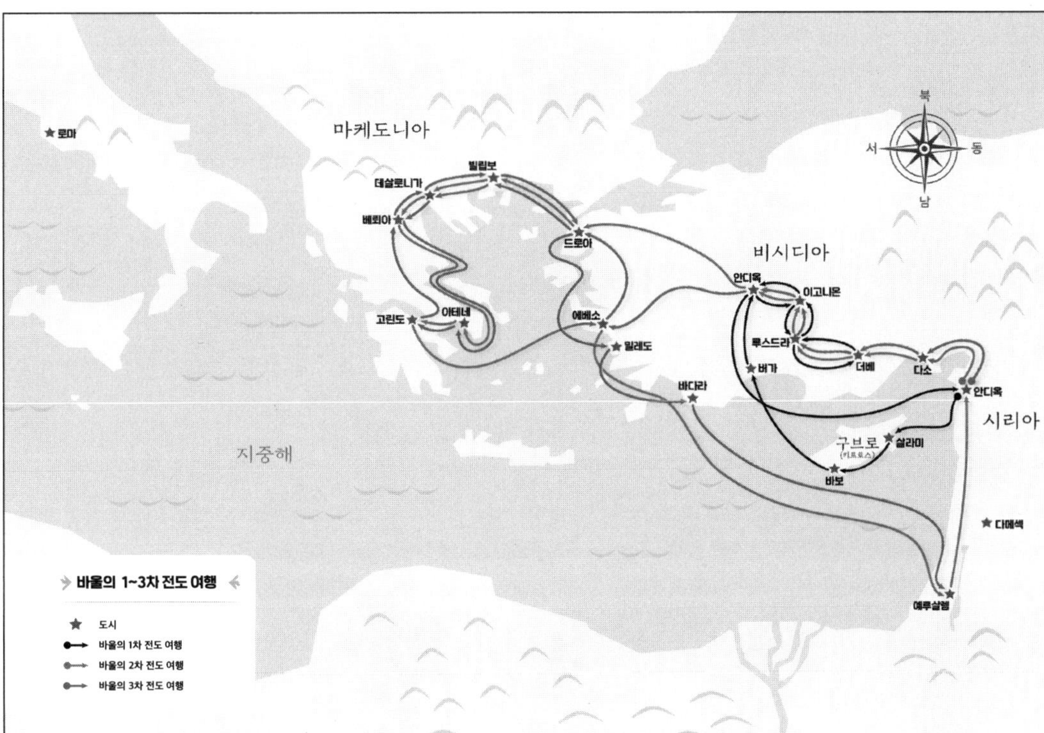
로마
마케도니아
북
서
동
남
빌립보
데살로니가
베뢰아
드로아
비시디아
안디옥
이고니온
고린도
아테네
에베소
밀레도
루스드라
버가
더베
다소
안디옥
바다라
시리아
구브로
(키프로스)
살라미
바보
지중해
다메섹
예루살렘
바울의 1~3차 전도 여행
도시
바울의 1차 전도 여행
바울의 2차 전도 여행
바울의 3차 전도 여행

가스펠 프로젝트 | 신약 커리큘럼

1권 위대한 복음 복음서	2권 비유와 기적 복음서	3권 십자가와 부활 복음서, 행	4권 복음으로 세워진 교회 행	5권 하나님의 편지 서신서	6권 다시 오실 그리스도 행, 서신서, 계
1단원 성자 하나님	1단원 비유로 말씀하신 예수님	1단원 순종하신 예수님	1단원 능력을 주시는 성령님	1단원 인도하시는 하나님	1단원 하나님의 계획
1. 아브라함부터 예수님까지 2. 마리아가 하나님을 찬양했어요 3. 예수님이 태어나셨어요 4. 예수님이 성전에 계셨어요 5. 예수님이 세례를 받으셨어요 6. 예수님이 시험을 이기셨어요	1. 씨 뿌리는 농부 비유 2. 용서할 줄 모르는 종 비유 3. 선한 사마리아인 비유 4. 3가지 비유 5. 바리새인과 세리 비유 6. 악한 소작인 비유	1. 마리아가 예수님께 향유를 부었어요 2. 예수님이 성전을 깨끗하게 하셨어요 3. 예수님이 제자들과 마지막 만찬을 하셨어요 4. 예수님이 잡혀가셨어요	1. 약속하신 성령님이 오셨어요 2. 걷지 못하는 사람이 걷게 되었어요. 3. 스데반이 예수님을 전했어요 4. 에티오피아 관리가 예수님을 믿었어요 5. 베드로와 고넬료가 만났어요	1. 갈라디아 교회에 편지를 보냈어요 2. 고린도 교회에 편지를 보냈어요 3. 교회 안에 차별이 생겼어요 4. 서로 사랑하라 5. 교회 지도자들에게 편지를 보냈어요	1. 복음을 막을 수 없어요 2. 바울이 총독 앞에 섰어요 3. 바울이 로마에 가게 되었어요 4. 감옥에서도 하나님을 찬양했어요 5. 바울이 골로새 교회에 편지를 보냈어요
2단원 우리와 함께 계시는 하나님	2단원 기적을 행하신 예수님	2단원 구원자 예수님	2단원 보내시는 하나님	2단원 변화시키시는 하나님	2단원 하나님을 위해 매인 자들
7. 니고데모가 예수님을 찾아왔어요 8. 세례 요한이 예수님에 관해 말했어요 9. 예수님이 사마리아 여인을 만나셨어요 10. 예수님이 고향에서 거절당하셨어요 11. 예수님이 삭개오를 만나셨어요	7. 예수님이 물로 포도주를 만드셨어요 8. 예수님이 하늘의 떡을 주셨어요 9. 예수님이 물 위를 걸으셨어요	5. 예수님이 십자가에서 죽으셨어요 6. 예수님이 부활하셨어요 7. 예수님이 엠마오로 가는 제자들을 만나셨어요	6. 바울이 회개하고 세례를 받았어요 7. 바울의 첫 번째 전도 여행 8. 오직 그리스도 9. 바울의 두 번째 전도 여행 10. 바울이 아테네에서 복음을 전했어요 11. 바울의 세 번째 전도 여행	6. 우리는 하나님의 자녀예요 7. 마음을 새롭게 해요 8. 성령의 열매를 맺어요 9. 하나님의 전신갑주를 입어요 10. 기쁘게 주어요 11. 믿음의 사람들	6. 바울이 빌레몬에게 편지를 보냈어요 7. 바울이 소망을 전했어요 8. 믿음을 지키라고 말했어요 9. 다시 오실 예수님을 기다려요
	3단원 고치시는 예수님	3단원 부활하신 왕, 예수님			3단원 만물을 새롭게 하시는 하나님
	10. 예수님이 중풍 병자를 고치셨어요 11. 예수님이 귀신 들린 사람을 고치셨어요 12. 예수님이 여인을 고치시고 소녀를 살리셨어요 13. 예수님이 나사로를 살리셨어요	8. 예수님이 제자들에게 나타나셨어요 9. 예수님이 도마에게 나타나셨어요 10. 예수님이 베드로에게 나타나셨어요 11. 예수님이 지상 명령을 주셨어요 12. 예수님이 승천하셨어요 13. 예수님을 보내신 하나님을 찬양해요			10. 요한의 환상 11. 일곱 교회를 향한 하나님의 경고 12. 보좌에 앉으신 예수님 13. 마라나타 : 예수님! 어서 오세요

신약 4 성경의 초점과 주제

1단원 능력을 주시는 성령님

Q 성령님은 어떤 일을 하시나요?

A 성령님은 예수님을 믿게 하시고 따르도록 도와주세요.

1. 성령님이 제자들에게 임하셨어요.
2. 베드로는 예수님의 이름으로 걷지 못하는 사람을 고쳤어요.
3. 스데반은 죽음을 두려워하지 않고 예수님을 전했어요.
4. 빌립은 성령님의 인도하심을 따라 에티오피아 관리에게 예수님을 전했어요.
5. 베드로는 복음이 모든 사람을 위한 것임을 알게 되었어요.

2단원 보내시는 하나님

Q 사람들은 예수님의 이야기를 어떻게 듣게 되나요?

A 하나님은 그리스도인들을 통해 다른 사람들에게 예수님을 전하세요.

6. 예수님은 사울을 죄에서 구원하셨어요.
7. 성령님은 바울과 바나바를 이방인들에게 보내 예수님을 전하게 하셨어요.
8. 예루살렘 교회가 이방인 성도들을 격려했어요.
9. 바울과 실라가 "주 예수를 믿으라 그리하면 너와 네 집이 구원을 받으리라"라고 말했어요.
10. 바울은 아테네 사람들에게 오직 한 분이신 진짜 하나님을 전했어요.
11. 하나님은 바울이 용기를 내어 복음을 전하도록 도와주셨어요.